Tassilo Wengel

DIE SCHÖNSTEN WANDERUNGEN

MIT KINDERN IN DIE FRÄNKISCHE SCHWEIZ

25 Wandertouren – Freizeitspaß für die ganze Familie

J. BERG

Impressum

DER AUTOR
Tassilo Wengel, geb. 1943 in Zwickau, Ausbildung zum Diplom-Gartenbau-Ingenieur. Seit 1980 als freier Bild- und Textjounalist für Zeitschriften- und Buchverlage tätig. Sein besonderes Interesse gilt dem Wandern und Reisen. Ziele sind Norddeutschland sowie Gebirgsregionen, wobei Kulturgeschichte, die Gartenkunst und die alpine Pflanzenwelt seine Schwerpunkte sind. Veröffentlichungen mehrerer Wander- und Radwanderführer.

Lektorat: Kerstin Seydel-Franz, München
Layout: BUCHFLINK Rüdiger Wagner, Nördlingen
Kartografie: Annelie Nau, München
Herstellung: Thomas Fischer
Printed in Italy by Printer Trento

Alle Angaben dieses Werkes wurden vom Autor sorgfältig recherchiert und auf den aktuellen Stand gebracht sowie vom Verlag geprüft. Für die Richtigkeit der Angaben kann jedoch keine Haftung übernommen werden. Für Hinweise und Anregungen sind wir jederzeit dankbar. Bitte richten Sie diese an:
J.Berg Verlag in der C. J. Bucher Verlag GmbH
Lektorat
Postfach 40 02 09
D-80702 München
E-Mail: lektorat@j-berg-verlag.de

Umschlagvorderseite: Tourismuszentrentale Fränkische Schweiz, Ebermannstadt
Titelmotiv: Wanderung um Gößweinstein
Bildnachweis: Alle Fotos im Innenteil von Tassilo Wengel.

Die Deutsche Bibliothek – CIP-Einheitsaufnahme
Ein Titeldatensatz für diese Publikation ist bei der Deutschen Bibliothek erhältlich.

Aktualisierte Neuauflage 2008

ISBN 978-3-7658-4242-9

PIKTOGRAMME ERLEICHTERN DEN ÜBERBLICK:

Schwierigkeitsgrad:
- leicht
- mittel
- anspruchsvoll

- Weglänge
- Gehzeit
- Höhenunterschied

ZEICHENERKLÄRUNG ZU DEN TOURENKARTEN

A4, 9	Autobahn		Aussicht
40	Hauptstraße		Einkehr/Hütte
	Landstraße		Kirche/Kloster
	Nebenstraße/Ortsstraße		Turm
	Fahrwege		Museum
	Forstweg		Therme
	Fußpfad		Denkmal
	Bahnlinie mit Bahnhof		Schloss/Burg/Ruine
A, E	Tourenführung mit Anfangs- und Endpunkt		Höhle/Grotte
	Tourenvariante		Prähistorische Fundstelle
Plech	Sehenswerter Ort/Stadt		Strand
	Gipfel		Camping
	Pass		Rastplatz
	Quelle/Wasserfall		Information
P	Parkmöglichkeit		Bildstock
H	Bushaltestelle / Bus		Markanter Baum
	Bahnhof / Zug		Landschaftlicher Höhepunkt/ Sehenswert
E, A	Anfangs-/Endpunkt		Mühle
	Richtungspfeil		Flughafen
10	Touren-Nr.		Tunnel
	Seilbahn		Randhinweispfeil
	Fernwanderweg	N, 0, 1 km	Maßstableiste (1 : 100 000)

INHALT

Vor der Binghöhle bei Streitberg, einem sehr beliebten Ausflugsziel

INFOS FÜR DIE TOURENAUSWAHL

Welche Tour für welches Kind?

Die erste Frage vor jeder Wanderung mit Kindern lautet natürlich: Welche Tour eignet sich für wen? Eine allgemein gültige Antwort gibt es darauf nicht, denn selbst in vergleichbaren Altersstufen können momentane Lust, Ausdauer und Kondition sehr unterschiedlich sein.

Eltern und Wanderbegleiter von Kindern werden daher um individuelle Entscheidungen nicht herumkommen. Der Alpinlehrplan des Deutschen und Österreichischen Alpenvereins skizziert den Rahmen der Möglichkeiten etwa folgendermaßen:

Bis 4 Jahre: Erste ein- bis zweistündige »Kraxenwanderung« auf dem Rücken der Eltern, sobald die Kinder stabil sitzen können. Wichtig sind lange Spielpausen in ungefährlichem Gelände. Zu beachten ist jedenfalls, dass die Kinder in der Kraxe nur wenig Bewegungsfreiheit haben und ohne gute »Verpackung«

schnell zu frieren beginnen. Außerdem wird beim Bergabgehen jeder Stoß beim Auftreten des elterlichen Fußes bis in den noch nicht so gefestigten Knochenbau und in die Augen der Kinder übertragen.

4 bis 6 Jahre: Erste drei- bis vierstündige Wanderungen auf gefahrlosen Wegen. Für diese Altersgruppe sollte man besonders interessante Ausflugsziele und geeignete Rastplätze für großzügige Spielpausen wählen, die den Kindern schon ein wenig Freiheit gewähren: Hier kann eine Grundeinstellung fürs Leben mitgegeben werden!

6 bis 9 Jahre: Leichte Hütten- und Gipfelwanderungen, die bereits das selbstständige Beherrschen verschiedener Geländeformen erfordern und wohl auch in die ersten harmlosen Kletterversuche münden.

9 bis 14 Jahre: Nun sind schon mit entsprechender Pausengestaltung Wanderungen mit fünf bis sechs Stunden Gehzeit möglich. Allerdings kann die Bereitschaft zu länger dauernden Unternehmungen mitunter wieder abnehmen. Wecken lässt sich die Begeisterung jedoch durch Mitbestimmung und die Wahl von besonders spannenden Tourenzielen.

Ab ca. 12/13 Jahren (bei Mädchen) bzw. 13/14 Jahren (bei Jungen): In der nun einsetzenden Pubertät werden die ersten selbstständigen (Gruppen-) Touren geplant und durchgeführt, wobei sich Eltern und Erzieher mehr und mehr zurückziehen sollten. Oft verlieren die Sprösslinge auch jede Begeisterung für das Wandern – oder stecken, ganz im Gegenteil, ihre Ziele merklich höher. Diese Entwicklung ist kaum zu beeinflussen.

Generell lässt sich sagen: Gemeinsam mit Gleichaltrigen macht es vielmehr Spaß als alleine mit den Großen!

Klettern gehört in der Fränkischen Schweiz zu den beliebten Sportarten.

Blick über Muggendorf

TIPPS FÜR UNTERWEGS

Grundsätzlich kann man in der Fränkischen Schweiz das ganze Jahr über wandern, denn jede Jahreszeit hat ihre Reize.

Frühling: Die Natur erwacht, in den Niederungen der Flüsse und Bäche zeigen sich Sumpfdotterblumen, auf den Wiesen sorgt der Löwenzahn für gelbe Flächen, und in den Wäldern gibt es Leberblümchen und Buschwindröschen zu entdecken. Von April bis Mai stehen in Gärten, auf Streuobstwiesen oder am Straßenrand Millionen von Obstbäumen in voller Blüte.

Sommer: Schattige, kühle Waldwege sind ideal zum Wandern, auf den Höhen weht an heißen Tagen manchmal ein kühles Lüftchen, Freibäder und Seen laden zum Baden und Erfrischen ein, die zahlreichen Wasserläufe bieten ausreichend Gelegenheit für Kajak- und Kanufahrten.

Herbst: Die Blätter der Laubgehölze warten mit einem atemberaubenden Farbenspiel von Goldgelb bis Rot auf, an schönen Tagen lassen sich noch die wärmenden Sonnenstrahlen genießen, und oftmals klare Tage nach kalten Nächten ermöglichen weite Aussichten ins Land.

Winter: Sind die Wege geräumt, bieten sich in den Niederungen Gelegenheiten für erholsame Wanderungen. Besonders schön, wenn die Sonne durch die kahlen, mit Schnee oder Eiskristallen bedeckten Zweige schimmert oder Raureif die Natur verzaubert.

Was mitnehmen und anziehen?

Auf jeden Fall ist bei jeder Wanderung ein Rucksack mitzunehmen, der mit Regenbekleidung, Sonnenschutzmittel, einer kleinen Apotheke (Mückenschutzmittel nicht vergessen) und Getränken gefüllt ist. Kinder haben unterwegs oft Durst, wobei sich Saftschorle oder Früchtetees bewährt haben. Man rechnet pro Person mit einem Bedarf von mindestens einem Liter Flüssigkeit. Als »Fitmacher« zwischendurch empfehlen sich Müsliriegel, Trockenobst und Studentenfutter. Für Picknickpausen sollte man frisches Obst (am besten lassen sich Äpfel oder Bananen ohne Schaden transportieren), belegte Brote und einen süßen Nachtisch wie Joghurt oder Schokolade mitnehmen. Außerdem ist es immer gut, wenn man etwas Traubenzucker dabei hat, der müden Kindern schnell wieder auf die Beine hilft.

Für die Wahl der Schuhe ist in jedem Fall wichtig, dass die Knöchel geschützt sind, die Sohle fest ist und ein gutes Profil hat. Selbst bei kurzen Wanderungen empfiehlt sich festes Schuhwerk, denn schnell kann glatter Belag mit steinigen Wegstrecken wechseln.

Frühling im Aufseßtal

Für die Bekleidung empfehlen sich locker sitzende Kleidungsstücke aus schnell trocknenden Mikrofasern. Je nach Wetterlage sind anfangs mehrere Schichten übereinander sinnvoll, die man bei Erwärmung des Körpers problemlos ausziehen kann. Als Kopfbedeckung eignet sich am besten eine Schirmmütze, die auch die Stirn vor intensiver Sonne schützt.

Beliebt ist der Imbiss am Schöngrundsee bei Pottenstein.

ESSEN UND TRINKEN

Hunger und Durst stellen sich bei Kindern schnell ein; eine Rast am Picknickplatz oder die Einkehr in einer Gaststätte sind immer eine spannende Unterbrechung. Sie sollten nicht zu lange dauern und in einer rustikalen Atmosphäre erfolgen, wie sie meist Ausflugsgaststätten bieten. Ideal ist, wenn sie sich in autofreier Umgebung befinden und über Sitzplätze im Freien und einen Kinderspielplatz verfügen. Wichtig ist Kindern ein kaltes Getränk, eine einfache Mahlzeit, meist auch ein Eis. Die Speisekarte bietet meistens Kindergerichte an, die von Schnitzel mit Pommes frites, Leberkäse, Bratwürste oder Wiener Würste mit Brot bis Milchreis mit Obst reichen. Kinderfreundliche Gaststätten bieten auch von anderen Gerichten Kinderportionen an. Auch für eine Brotzeit mit deftiger kalter Hausmannskost wie zum Beispiel mit Leberwurst, Schinkenwurst, Bierwurst oder Presssack belegte Bauernbrote, aber auch Speckbrote sind die Kinder zu haben. Manche mögen auch Bratkartoffeln mit Spiegelei.

Pferdefütterung auf Geusmanns Reiterhof

ÜBERNACHTUNGSMÖGLICKEITEN

Für die Übernachtung gibt es in der Fränkischen Schweiz eine Reihe familienfreundlicher Unterkünfte in verschiedenen Kategorien.

Urlaub auf dem Bauernhof

Die Bauernhöfe bieten Familien mit Kindern ein vielseitiges Angebot an Freizeitbeschäftigungen in ländlicher Umgebung. Neben Kinderspielplätzen und Grillmöglichkeiten gehört auf den Bauernhöfen vor allem der Umgang mit Tieren zu den beliebtesten Beschäftigungen der Kinder. Außer Hunden und Katzen sind häufig auch Schafe, Ziegen, Schweine, Hasen, Esel und allerlei Federvieh vorhanden, in einigen Fällen gibt es auch einen Streichelzoo.

Auswahl einiger kinderfreundlicher Bauernhöfe:

• Böhmerhof Heinrich Brütting, Kosbrunn 7 bei Pegnitz, Tel. 09241/30 07. Idyllisch gelegener Einzelhof mit Kinderspielplatz mit vielen Abenteuermöglichkeiten, Gartenhaus-Laube, Grillplatz, Brotbacken, Angeln.

• Familie Richard und Monika Böhmer, Haselbrunn 2 bei Pottenstein, Tel. 09243/15 57. Große Spiel- und Liegewiese, Spielscheune, Grillplatz.

• Siegenberghof, Familie Helldörfer, Siegmannsbrunn 2 bei Pottenstein, Tel. 09243/4 95, www.siegenberghof.de; Spiel- und Grillplatz mit Gartenhäuschen, viele Tiere zum Anfassen.

• Ferienhof Reichold, Morschreuth 60 bei Gößweinstein, Tel. 09194/92 60. Sandkasten, Grillplatz, Reitmöglichkeit, Hof mit Pferden, Pony, Hasen, Katzen.

• Ferienhof im Hirtengärtl, Familie Pingold, Lilling 4 bei Gräfenberg, Tel. 09192/74 94. Anerkannter Kneipp-Gesundheitshof mit Schweinen, Hühnern und Katzen, Abenteuerspielplatz und Spieleboden mit Tischtennis.

Freundliche Einladung zum Übernachten

• Toni Bauernschmitt, Saugendorf 11 bei Waischenfeld, Tel. 09202/6 28. Spielplatz mit Kletterturm, Rutsche, Schaukel, Sandkasten, Grillplatz, Pferde, Schafe, Schweine, Hasen, Hunde, Katzen, Tauben.

• Ferienhof Distler, Bieberbach 56 bei Egloffstein, Tel. 09197/4 56 und 62 72 72. Bauernhof mit Spiel- und Grillplatz, Streichelzoo.

• Hof Kuni Backof, Hammerbühl 10 bei Egloffstein, Tel. 09197/18 24, Bauernhof mit Kühen, Schweinen, Katzen, Federvieh, auch Wildenten. Man kann Melken mit der Hand lernen.

Weitere Informationen beim Bayerischen Bauernverband, Löschwöhrdstraße 5, 91301 Forchheim,
Tel. 09191/9 78 68–14, Fax 09191/9 78 68–68,
E-Mail: Forchheim@BayerischerBauernVerband.de,
www.bauernhof-urlaub.de

Tourismuszentrale Fränkische Schweiz, Postfach 1262, 91317 Ebermannstadt, Tel. 09194/79 77 79, Fax 09194/79 77 76, E-Mail: info@fraenkische-schweiz.com, www.fraenkische-schweiz.com

Jugendherbergen

Sie bieten preiswerte Übernachtungen sowie verschiedene Sport- und Spielmöglichkeiten.

• JH Don Bosco, Don-Bosco-Straße 4, 91301 Forchheim, Tel. 09191/70 71–13, Fax 09191/70 71–11. Mit Sportmöglichkeiten: Tischtennis, Billard, Kicker, Fitnessraum, Werkraum. Am Haus befindet sich ein Sportplatz, der geeignet ist für Fußball, Basketball, Volleyball, Handball.

Wildgehege bei der Burg Feuerstein

• JH Wiesenttal-Streitberg, Am Gailing 6, 91346 Wiesenttal, Tel. 09196/2 88, Fax 09196/15 43. Freigelände mit 3 Spielwiesen, 6 Tischtennisplatten sowie ein Naturstudienplatz für die Höhlenforschung und zu Versteinerungen.

• JH Pottenstein, Jugendherbergstraße 20, 91278 Pottenstein, Tel. 09243/92 91–0, Fax 09243/92 91–11. Geeignet auch für Rollstuhlfahrer. Tischtennisraum, Episkop, Klavier, Spiel- und Liegewiese, Volleyball- und Grillplatz, Naturstudienraum.

Jugendwohnheime

Sie bieten vor allem Unterkünfte für Gruppen.

• Freizeitheim Gößweinstein-Sachsenmühle, Tel. 09242/73 71.

• Pfadfinderhaus Lindersberg, Ebermannstadt. Kontakt: Landespfadfinderschaft Bamberg e.V., Tel. 0911/26 27 66.

• Jugendhaus Burg Feuerstein, Tel. 09194/7 67 40, www.burg-feuerstein.de

• Jugendwohnheim Hollfeld-Krögelstein, Tel. 09274/2 90.

• Schullandheim Pottenstein, Tel. 09243/3 79.

Naturfreundehaus

Es bietet Übernachtung und geführte naturkundliche Wanderungen.

• Veilbronn, Tel. 091 98/234

Auf Schmetterlinge wie Tagpfauenaugen trifft man häufig.

WISSENSWERTES ÜBER DIE NATUR

Flora

Nähert man sich der Fränkischen Schweiz, so fallen auf den ersten Blick die wirtschaftlich genutzten Felder, Wälder und Wiesenflächen auf sowie die reichen Obstgärten, in denen vor allem Kirschen vorherrschen. Besonders schön ist der Anblick, wenn sie Anfang Mai in voller Blüte stehen und vom frischen Grün der Wiesen oder dem Gelb des Löwenzahns umgeben sind. Im Sommer bestimmen die goldgelben Getreidefelder und die farbenfrohen Wegraine mit allerlei Blumen das Bild. Im Herbst verwandeln die leuchtenden Farben der Laubbäume die Landschaft in ein Farbenmeer.

Betrachtet man die natürliche Vegetation näher, dann werden unterschiedliche Lebensräume deutlich, die sich in Abhängigkeit von Untergrund und Höhenlage entwickelt haben. In den feuchten Niederungen herrschten einst Auwälder aus feuchtigkeitsliebenden Bäumen wie Schwarzerle, Kräutern und Gräsern vor, die größtenteils in Wiesen und Obstgärten verwandelt wurden. Vorhanden sind nur noch kleine auwaldähnliche Reste dieser natürlichen Vegetation.

Die Hänge werden vor allem vom Sandstein gebildet, auf dem Buchen- und Eichenwälder mit Ahorn und Elsbeeren gedeihen. Auch ausgedehnte Buchenwälder herrschen vor, die teilweise aufgeforstet wurden. Das gilt auch für Fichtenbestände, die ebenfalls aufgeforstet wurden. Dort, wo nährstoffreiche, tonige Böden vorherrschen, siedeln anspruchsvolle Laubgehölze wie Spitzahorn und Sommerlinde. Auch lichte Buchenwälder kommen hier vor, die vor allem an den Kalkhängen ausgedehnte Bestände bilden. Zahlreiche kostbare Pflanzen bedecken den Boden dieser Buchenwälder und entfalten vom zeitigen Frühjahr an ihre Blüten. Dazu gehören Buschwindröschen, Leberblümchen, Haselwurz, Seidelbast, Einbeere, Maiglöckchen, Akelei und Türkenbund sowie verschiedene Gräser und Farne. Besonders reich sind solche Wälder an seltenen Orchideen wie zum Beispiel Waldvöglein, Mückenorchis, Frauenschuh und andere.

Der Blaue Natternkopf wächst vor allem an trockenen Plätzen.

Einen anderen Lebensraum stellen die Dolomitfelsen und Wacholderheiden dar, wo Sonne und Trockenheit vorherrschen. Hier siedeln anspruchslose Arten wie Mauerpfeffer und Felsenhungerblümchen, auch Steinbrech, Kuhschelle, Glockenblume, Teufelskralle, Sonnenröschen, in den Spalten findet man auch Mauerraute und Streifenfarn.

Besonders schön sind im Sommer die Wiesen und Wegränder, wo der Blumenreichtum in allen denkbaren Farben den Wanderer begleitet. Darunter finden sich zahlreiche, als Heilkräuter geschätzte Pflanzen. Die Palette reicht von weißblühender Schafgarbe über gelbes Johanniskraut, lilafarbenen Dost und Thymian bis blaue

Wegwarte, aber auch Kornblumen, Mohn, Disteln und viele andere farbenprächtige Blumen zählen dazu, auf deren Blüten sich die schönsten Schmetterlinge am Nektar laben.

Reiche Tierwelt

Der Einfluss des Menschen auf die natürliche Landschaft und die intensive Kultivierung des Bodens hat sich negativ auf den Artenreichtum der Tierwelt ausgewirkt. Zahlreiche Tierarten, die früher verbreitet vorkamen, sind verdrängt oder kaum noch vorhanden. Dazu gehören Fischotter, Uhu, Eisvogel, Birkhuhn und Auerhahn. Dagegen sind Rehwild und Schwarzwild reich vorhanden, das Rotwild ist auf den Veldensteiner Forst beschränkt. Zum natürlichen Tierbestand in der Fränkischen Schweiz gehören auch Hase, Fuchs, Wiesel und Marder, sehr zahlreich sind Vogelarten vertreten, zu denen Fasane, Rebhühner, Eulen, Bussarde, Falken und Eichelhäher zählen, auch verschiedene Drossel-, Finken-, Meisen- und Spechtarten.
Von den Reptilien trifft man an sonnenreichen Hängen öfter die Eidechse an, auch der Blindschleiche begegnet man auf den Wanderwegen gelegentlich. Sehr wenig gibt es Ringel- und Glanznatter, und recht selten sieht man die Kreuzotter.
Reichhaltig ist die kleine Welt der Insekten, von denen die Schmetterlinge besonders auffallen. Neben den häufigeren Arten wie Bläuling, Kohlweißling, Tagpfauenauge, Kleiner Fuchs, Schachbrettfalter, Schwalbenschwanz oder Zitronenfalter gibt es auch typische Arten der Juralandschaft, zu denen Schillerfalter und Scheckenfalter gehören. Sehr selten sind die geschützten Arten wie Großer Apollo und Segelfalter.
Der einstige Fischreichtum der klaren Bäche ist stark geschwunden und beschränkt sich vor allem auf Forellen und Äschen.

Hecken

Vielerorts trifft man beim Wandern am Wegrand Heckengehölze wie Schlehen, Weißdorn, Heckenrose, Hartriegel, Heckenkirsche, Pfaffenhütchen und Holunder, die als Windschutzhecken dienen und gleichzeitig den Vögeln Nahrung und Unterschlupf bieten. Auch andere Tierarten finden in diesen Heckenstreifen einen idealen Lebensraum.

Im Freibad Rothenbühl bei Ebermannstadt

WOHIN MIT DEN KINDERN?

Burgruinen

Sie geben Zeugnis von der wechselvollen Geschichte Frankens. Boten von der Altsteinzeit (600 000–8000 v. Chr.) bis zur Latène-Zeit (450 v. Chr. bis Beginn der Zeitrechnung) vor allem Höhlen willkommenen Unterschlupf, entstanden allmählich ausgedehnte Wallanlagen auf den Höhen. Solche Wehrbauten, wie sie auf der Ehrenbürg und in Burggaillenreuth entstanden, hatten auch in frühgeschichtlicher Zeit noch Bedeutung. Diese befestigten Siedlungen, übernahmen germanische Stämme, und im 8. Jh. siedelten die ersten Bauern. Unter den Karolingern (bis 911 n. Chr.), einem fränkischen Herrschergeschlecht, das nach Karl dem Großen benannt wurde, kam es zu planmäßiger Besiedlung und Forchheim wurde der wichtigste Sitz im Süden. Um diese Zeit entstanden zum Schutz des Landes die ersten starken Befestigungen, die später in zahlreichen Fehden zwischen Adelsgeschlechtern, aber auch Glaubenskriegen zwischen Katholiken und Lutheranern zerstört wurden. Im 11. und 12. Jh. gab es in Franken schon viele Burgen wie zum Beispiel Gößweinstein, Neideck, Pottenstein, Streitberg, Wiesenthau, Zwernitz, zu denen später mit Schlössern und Klöstern auch weitere Burgen kamen. Ein Großteil dieser Burgen wurde im Bauernkrieg 1525 zerstört, der Rest von Markgraf Albrecht Alcibiades zwischen 1552 und 1553. Zu ihnen gehörten auch die beiden Burgen Streitberg und Neideck, die den Bauernkrieg überstanden und nun als Ruinen ein gern besuchtes Wanderziel darstellen. Auch andere Burgruinen und Burgen lohnen einen Besuch.

Die schönsten Burgen und Burgruinen

Bärnfels: Ruine auf bizarrem Felsen in der Ortsmitte von Bärnfels mit schöner Aussicht und kleinem Rastplatz. (Tour 21)

Greifenstein: Über eine schöne Lindenallee führt der Weg zur Burg, die mit umfangreicher Waffensammlung aufwartet. Führungen täglich von 8.30–11.45 Uhr und 13.30–16.45 Uhr. Neben der Burg Wildschweingehege und kleine Gaststätte. Auf Anfrage Tel. 09198/4 23 gibt es **kindgerechte Führungen**. (Tour 2)

Leienfels: Auf dem 590 m hohen Schlossberg liegt die Ruine der Burg Leienfels. In die Annalen ging sie als Falschmünzernest ein, denn der Burgherr Götz von Egloffstein war ständig in Geldnot und prägte seine Münzen selbst, bis der Nürnberger Burggraf

Blick zur Burgruine Neideck

Friedrich diesem Treiben ein Ende bereitete. Von der Ruine bietet sich eine einmalige Aussicht, sie reicht bei schönem Wetter bis ins Fichtelgebirge. Einkehr im Gasthof Zur Burgruine am Fuß der Ruine. (Tour 21)

Neideck: Einst die größte Burganlage Frankens, heute eine Ruine, die sich romantisch über dem Wiesenttal erhebt, schöne Aussicht. (Tour 7)

Neuhaus: Der Ort Neuhaus an der Pegnitz wird von der eindrucksvollen Burg Veldenstein überragt. Sie thront majestätisch auf einem Felsen hoch über dem Pegnitztal und ist zweifellos eine der schönsten Burgen am Rande der Fränkischen Schweiz. Sie wurde wahrscheinlich schon um 1000 als Grenzbefestigung von den Eichstädter Bischöfen erbaut und diente im 14./15. Jh. als bischöfliche Residenz. Ein besonderes Erlebnis sind die begehbaren Wehrmauern und der mächtige Bergfried, gut erhalten sind Burggebäude und Wehrtürme. Geöffnet Mo–Fr 9.00–18.00 Uhr, Sa, So 9.00–19.00 Uhr. (Tour 25)

Pottenstein: Hoch über dem Püttlachtal thront die Burg Pottenstein. Sehenswerte Ahnengalerie, im Rittersaal geschnitzte Eichenmöbel. Geöffnet Mai–November Di–So 10–16.30 Uhr.
(Tour 12 und 13)

Rabeneck: Romantische Lage über dem Wiesenttal, Besichtigung der Burg und Einkehr in der Burgschenke möglich. (Tour 10)

Streitberg: Ruine, erhalten sind nur das Burgtor mit markgräflichem Wappen, Kellergewölbe und Teile der Wallmauer. Schöne Aussicht auf Streitberg und das Wiesenttal. (Tour 7)

Rabenstein: Eine der schönsten Burgen in wildromantischer Lage über dem Ailsbachtal, Gaststätte mit Biergarten, auf der Burg Greifvogel- und Eulenpark, Flugvorführungen. (Tour 11)

Waischenfeld: Komplex aus Oberburg (abgerissen), Neuem Schloss (mit Gastwirtschaft und Gartenlokal) und Unterburg, von der als Rest der Steinerne Beutel – Wahrzeichen von Waischenfeld – erhalten blieb. Schöne Aussicht auf Waischenfeld. (Tour 10)

Zwernitz: Eindrucksvolle Burganlage auf einer Kalksteinklippe mit teilweise zwei Meter dicken Mauern, Höfen, Fachwerkgiebel, Schießscharten, Waffen, Gemälden, weiter Rundblick. Geöffnet von Mitte April bis Mitte Oktober täglich außer Montag von 9.00–12.00 u. 13.20-17.00 Uhr. (Tour 1)

Höhlen

Zur landschaftlichen Vielfalt in der Fränkischen Schweiz gehören die zahlreichen geologischen Erscheinungsformen wie Felsen, Höhlen und Trockentäler. Verantwortlich sind dafür vor allem die Schichten des Weißen Jura, die vor 150 Millionen Jahren als Sedimente in einem flachen Schelfmeer abgelagert wurden. Einesteils verfestigte sich der Kalkschlamm später und wird heute in Kalksteinbrüchen bei Ebermannstadt (Tour 16) abgebaut. Im warmen Meer wuchsen auch Schwammriffe heran, dessen Kalk durch Magnesium in Dolomit verwandelt wurde. Dieser Frankendolomit ist Ursache für den großen Reichtum an Höhlen. Als sich gegen Ende der Jurazeit vor etwa 140 Millionen Jahren der Meeresboden hob, begann eine Verkarstung der abgelagerten Schichten. Sie entsteht durch den Einfluss von kohlensäurehaltigem Wasser, das in Risse und Klüfte sickert und das Gestein langsam auflöst. Im Verlauf von Jahrtausenden entstanden auf diese Weise weit verzweigte Höhlen. Scheidet das Wasser den gelösten Kalk wieder aus, entstehen die eindrucksvollen Gebilde der Tropfsteine. In der Fränkischen Schweiz gibt es über 1000 Höhlen, von denen einige wegen ihrer schönen Tropfsteingebilde besonders sehenswert sind und während einer Führung besichtigt werden können. Sie entstanden im Laufe von 10000 bis 100000 Jahren und machen wegen ihrer verschiedenen Formen und Farben den besonderen Reiz der Höhlen aus.

Der Eingang zur Teufelshöhle bei Pottenstein

Die schönsten Schauhöhlen

Binghöhle bei Streitberg: 1905 von Kommerzienrat Bing entdeckt, 350 m lang, typisches Beispiel einer ausgetrockneten Flusshöhle. Schöne Tropfsteinbildungen (Riesensäule, Kerzensaal, Venusgrotte). Geöffnet Anfang April–Anfang November täglich 9.00–17.00 Uhr. 11. November bis 14. März Führungen nur nach Anmeldung, Tel. 09196/3 40, www.wiesenttal.de

Tipp: Zur Ausrüstung für eine Wanderung in unterirdischen Höhlen gehören feste Schuhe, Kleidung, die Schmutz und Feuchtigkeit verträgt, ein Helm und eine Taschenlampe für jede Person. Man sollte nie eine Höhle allein betreten. Während die Schauhöhlen bei Führungen besichtigt werden können, wurden manche Höhlen unter Schutz gestellt. Informationen gibt es bei der Tourismuszentrale Fränkische Schweiz in Ebermannstadt, Tel. 09194/797779 oder Internet www.fraenkische-schweiz.com

Maximiliansgrotte bei Krottensee: Nach König Maximilian von Bayern benannt, 1200 m lang, sehr schöne Tropfsteinbildungen wie Orgelgrotte, Eisberg, Kristallpalast sowie ein unterirdischer See. Geöffnet von April–Oktober, Führungen von Di–Sa von 10.00–17.00 Uhr stündlich. Nach dem Höhlenbesuch lädt der Gasthof Grottenhof zur Einkehr ein. Tel. 09156/4 34, www.maximiliansgrotte.de

Sophienhöhle bei Rabenstein: 1832 durch den Schönbornschen Gärtner Koch entdeckt, nach dem Namen der Schwiegertochter des damaligen Schlossbesitzers von Schönborn benannt, 112 m lang, sehenswerte Tropfsteinbildungen (Steinerner Wasserfall, großer Adler und Millionär). Geöffnet von April–Oktober täglich von 10.30–17.00 Uhr, Multimediaschau in der Höhle im April, Mai und Oktober von 18.30–21.00 Uhr, Juni, Juli und September von 18.30–22.00 Uhr. Tel. 09202/97 25 99, www.burg-rabenstein.de

Teufelshöhle bei Pottenstein: Mit einer erschlossenen Länge von 1,4 km größte Schauhöhle der Fränkischen Schweiz. Fundort zahlreicher fossiler Knochen, original Höhlenbär-Skelett und besonders sehenswerte Tropfsteinbildungen wie Wasserfall, Vorhang, Orgel, Goliath, Barbarossadom und andere. Geöffnet Palmsonntag bis 2. November täglich von 9.00–17.00 Uhr, sowie 2. November bis 23. Dezember und 7. Januar bis Palmsonntag Dienstag, Samstag, Sonntag 10.0015.00 Uhr, 26. Dezember bis 6. Januar täglich von 10.00–15.00 Uhr. Tel. 09243/70 82 08 (Höhlenkasse), www.teufelshoehle.de

Tipp: Wer sich über die zahlreichen Höhlen in der Fränkischen Schweiz näher informieren möchte, findet ausführliche Informationen in folgender Literatur: Hardy Schabdach, »Unterirdische Welten«. Höhlen der Fränkischen und Hersbrucker Schweiz, Ebermannstadt 2000.

Ausflugsziele

▶ BAMBERG: NATURKUNDEMUSEUM

Im Westflügel des ehemaligen Jesuitenkolleg, Fleischstraße 2, ließ 1793 der Fürstbischof Franz Ludwig von Erthal einen »Vogelsaal« einrichten. Dieser Museumsraum enthält rund 800 Arten in- und ausländischer Vögel, von denen manche noch aus der Zeit der Gründung des Museums stammen. Andere Vitrinen zeigen zahlreiche einheimische Säugetiere. Daneben informiert der moderne, 1992 eröffnete Ausstellungsbereich über zahlreiche naturkundliche Themen wie die Geologie Nordost-Bayerns sowie die geologischen Vorgänge im Erdinneren. Geöffnet April bis September 9.00–17.00 Uhr, Oktober bis März 10.00–16.00 Uhr, Mo geschlossen.

▶ BETZENSTEIN: HEIMATMUSEUM

Wegen seiner mineralogischen Sammlung ist das Heimatmuseum im Rathaus besonders interessant. Auf dem Marktplatz ist der »Tiefe Brunnen« ein Anziehungspunkt, der zwischen 1543 und 1549 zur Verbesserung der Wasserversorgung des Ortes gebaut wurde und 92 m tief ist. Information: Tel. 09244/2 64, www.betzenstein.de; Öffnungszeiten: Mo 14.00–16.00 Uhr, Mi/Fr 11.00–12.00 Uhr. Lage: Autobahn A 9, Ausfahrt Plech nach Betzenstein.

▶ EBERMANNSTADT: HEIMATMUSEUM IM BÜRGERHAUS

Besondere Sehenswürdigkeit ist das 1999 im örtlichen Steinbruch geborgene Fischsaurierskelett (145 Millionen Jahre alt). Außerdem gibt es Informationen zur Ur- und Frühgeschichte, Handwerk, Brauchtum. Information: Tel. 09194/15 71, www.heimatmuseum.ebermannstadt.de; geöffnet von April bis Ende Oktober So 14.00–16.30 Uhr. Lage: Autobahn A 73, Ausfahrt Forchheim-Nord, über B 470 nach Ebermannstadt.

▶ FORCHHEIM: PFALZMUSEUM

Im Mittelpunkt der historischen Altstadt befindet sich dieses sehenswerte Museum, das auch als »Kaiserpfalz« bekannt ist. Einmalige Trachtensammlungen. Für Kinder sicher noch interes-

Im Spielzeug-museum in Gößweinstein

santer ist das Feuerwehrmuseum in der Egloffsteinstraße 3 mit alten Löschfahrzeugen, Saug- und Spritzwagen. Information: Pfalzmuseum, Tel. 09191/71 43 27. Geöffnet: Mai bis Oktober Di–So 10.00–17.00 Uhr, November bis April Mi, Do 10.00–13.00 Uhr, So 13.00–17.00 Uhr. Feuerwehrmuseum Tel. 09191/3 24 93. Geöffnet auf Anfrage. Lage: Autobahn A 73, Ausfahrt Forchheim Nord.

▶ GÖSSWEINSTEIN: SPIELZEUGMUSEUM

In der Balthasar-Neumann-Str. 15 unweit der Basilika lädt eine umfangreiche Spielzeugsammlung zum Besu ch ein. Puppenstuben, Eisenbahnen, Teddys, Blechspielzeug, Tretautos, Dampfmaschinen und vieles mehr aus früheren Zeiten kann bewundert werden. Information: Tel. 09242/4 35 77. Geöffnet: 1.5.–31.10. Mi, Fr, Sa, So, Feiertag 11.00–18.00 Uhr. 1.11.–30.4. Sa, So, Feiertag 11.00–18.00 Uhr. Lage: Autobahn A 9, Ausfahrt Pegnitz-Grafenwöhr, auf B 470 nach Gößweinstein.

▶ HOLLFELD: MUSEUMSSCHEUNE FRÄNKISCHE SCHWEIZ

Zwischen Rathaus und Stadtpfarrkirche gelegen, können landwirtschaftliche Geräte betrachtet werden. Zu sehen ist auch Hausrat für das Buttern und Brotbacken, ein funktionstüchtiger Webstuhl und viele andere Gegenstände des Landlebens. Information: Tel. 09274/9 80 15. Geöffnet Mai bis Oktober Sa, So von 14.00–16.00 Uhr. Lage: Autobahn A 70, Ausfahrt Schirradorf über Wonsees nach Hollfeld.

HUNDSHAUPTEN: WILDGEHEGE

Der Wildpark Hundshaupten wurde 1971 von Freifrau von Pölnitz gegründet. Sie schenkte ihn 1991 dem Landkreis Forchheim. Rot-, Dam-, Muffel-, Stein- und Schwarzwild, Gämsen und Steinböcke können in natürlicher Umgebung beobachtet werden, auch Wisente, die Ur-Rinder der Fränkischen Schweiz, sind zu sehen. Für Kinder sind besonders Zwergziegen interessant, die sich streicheln lassen. Eigener Eingang für Kinderwagen und Rollstuhlfahrer, im Sommer Restaurantbetrieb. Information: Tel. 09191/8 61 17 (Landratsamt Forchheim. Geöffnet: Ende März bis Anfang November täglich von 9.00–17.00 Uhr; Anfang November bis Ende März an Samstagen, Sonn- und Feiertagen und während der Weihnachtsferien täglich von 9.00–17.00 Uhr. Lage: Autobahn A 73, Ausfahrt Forchheim, über Pretzfeld, Egloffstein nach Hundshaupten oder A 9, Ausfahrt Pegnitz-Grafenwöhr, auf der B 2 über Hiltpoltstein bis Gräfenberg, dann über Egloffstein nach Hundshaupten.

HEROLDSBACH: ERLEBNISPARK SCHLOSS THURN

Rund um ein Wasserschloss aus dem 18. Jh., das man leider nicht besichtigen kann, erwarten den jungen Besucher eine »Schwebebahn«, Autorennbahnen, Oldtimer, Wasserfahrzeuge, Kletter- und Spielplätze sowie die längste Wasserbobbahn Bayerns. Mitten im Park befindet sich eine Westernstadt mit Dampfeisenbahn, Westernkino, Saloon und Reitanlage mit Sondervorführungen. Neu seit Sommer 1996 sind eine Achterbahn sowie eine 250 Meter lange Wildwasserbahn. Auch ein Streichelzoo ist im Park vorhanden. Zum Parkausgang hin werden Ritterspiele veranstaltet, direkt vor dem Restaurant Rittersaal (1000 Plätze). SB-Restaurant in der Westernstadt mit Café, Grillplätze im Park zur kostenlosen Benutzung. Informationen: Erlebnispark Schloss Thurn, Schlossplatz 1, 91336 Heroldsbach, Tel. 09190/92 98 52, Fax 09190/92 98 88, http://www.schloss-thurn.de/; geöffnet:

April bis September täglich 10.00–17.00 Uhr, Sonn- und Feiertage 10.00–18.00 Uhr. Lage: Autobahn A 73 Ausfahrt Baiersdorf-Nord, dann Richtung Heroldsbach, oder von der A 3 Würzburg-Nürnberg, Ausfahrt bei Höchstadt-Ost auf die B 470 in Richtung Forchheim/Heroldsbach.

▶ MÖCHS: OLDTIMER-MUSEUM

In diesem Museum können historische Motorräder bewundert werden. Es gibt einen Einblick in die Entstehungsgeschichte des Zweirades. Das älteste Modell stammt von 1928 und ist eine NSU 501 TS. Information: Tel. 09245/12 31. Geöffnet: ganzjährig. Lage: Autobahn A 9 Berlin–Nürnberg, Ausfahrt Weidensees, auf der B 2 über Obertrubach nach Möchs.

▶ MUGGENDORF: MODELLBAHNMUSEUM

Ausgestellt sind bei Dieter Häntzschel, Bayreuther Straße 23, Spielzeugeisenbahnen von Nürnberger Firmen in den Spurweiten H0, S und 0, zu denen auch die »Volksbahn« von BUB gehört. Auch die »Drehstrombahn« der Firma Distler aus den fünfziger Jahren ist vertreten. Außerdem kann man sich einen Überblick über die Modellbahnen in der ehemaligen DDR der Spur 0 und S verschaffen. Ein Anziehungspunkt ist die Gartenbahnanlage. Im Shop kann man u.a. Fahrzeuge erwerben. Geöffnet: So 10.00–12.00 und 14.00–17.00 Uhr, Tel. 09196/16 30

▶ PLECH: FRÄNKISCHES WUNDERLAND

Der kinderfreundliche Freizeit-Erlebnispark mit romantischem Märchenwald. Im Indianerlager finden in einem Erdhaus täglich live rituelle Tänze der Azteken-Indianer statt. Der wilde Westen wird in der »Westernstadt« Kansas City wieder lebendig. Im Babyland wartet Spielspaß auf Kinder bis 6 Jahre. Achterbahn, Riesenrad und weitere Fahraktionen runden das Angebot ab. Aktiven Freizeitspaß bieten der Kletterberg »Himalaya«, eine Drahtseilbahn, Drachenturm mit Riesenrutsche, Waldspielplatz und Trampoline. Informationen: Tel. 09244/ 98 90, www.wunderland.de; geöffnet: März bis Oktober täglich 9.00–18.00 Uhr. Eintritt: Kinder bis 1 m Körpergröße haben freien Eintritt. Lage: Autobahn A 9 Berlin–Nürnberg, Ausfahrt Plech.

Der Morgenländische Bau im Felsengarten Sanspareil

POTTENSTEIN: MUSEUM BURG POTTENSTEIN

Zugänglich sind das Hauptgebäude (Palas) und das Brunnenhaus sowie die Zehntscheune mit verschiedenen Ausstellungen. Sehr reizvoll ist der Burggarten mit herrlicher Aussicht über die Stadt und Landschaft. Informationen: Tel. 09243/72 21, www.BurgPottenstein.de; geöffnet von Mai bis Oktober Di bis So 10.00–17.00 Uhr. Lage: Autobahn A 9, Ausfahrt Pegnitz-Grafenwöhr, auf der B 470 nach Pottenstein.

RABENSTEIN: FALKNEREI BURG RABENSTEIN

Im neu angelegten Greifvogel- und Eulenpark können über 70 Tag- und Nachtgreifvögel aus nächster Nähe in großräumigen Volieren betrachtet werden. Besondere Begeisterung lösen nicht nur bei Kindern die Flugvorführungen aus. Information: Falknerei Burg Rabenstein, Tel. 0172/7 30 10 80, www.burg-rabenstein.de; geöffnet: Hauptsaison: 1. April bis 1. November Di bis So von 11.00–17.00 Uhr und nach Vereinbarung. Vom 2. November bis Ende März nur an Wochenenden und bei schönem Wetter. Flugvorführungen: Di–So und an Feiertagen jeweils um 15.00 Uhr. Lage: Autobahn A 9 Nürnberg–Berlin, Ausfahrt Pegnitz-Grafenwöhr, auf der B 470 über Pottenstein, Tüchersfeld in Richtung Waischenfeld.

▶ SANSPAREIL: FELSENGARTEN

Romantischer Park mit Ruinentheater und Schlösschen nach einer Idee von Markgräfin Wilhelmine, zwischen 1745 und 1748 angelegt. Verschlungene Wege führen durch einen Buchenwald zu zahlreichen bizarren Felsgebilden, die Namen wie Regenschirm, Dianagrotte, Sirenengrotte, Sibyllengrotte, Pansitz und andere haben. In lauen Sommernächten sind Aufführungen im Naturtheater ein besonderes Erlebnis. Informationen: Tel. 09274/3 30. Geöffnet: April bis September Di bis So 9.00–18.00 Uhr. Lage: Autobahn A 70, Ausfahrt Schirradorf, in Richtung Wonsees.

▶ STREITBERG: AMMONITEN-MUSEUM

Ammoniten gehören zu den schönsten Fossilien und können im Museum in reicher Auswahl bewundert werden. Gezeigt werden vor allem Ammoniten aus dem Jura der Fränkischen Schweiz. Empfehlungen für eine »Jura-Wanderung« gibt es in Form einer Broschüre. Information: 09196/99 85 95. Geöffnet: Di bis Fr 13.00–17.00 Uhr, Sa, So 11.00–18.00 Uhr. Lage: Autobahn A 9 Nürnberg–Berlin, Ausfahrt Pegnitz-Grafenwöhr, auf der B 470 über Muggendorf nach Streitberg.

▶ THURNAU: TÖPFERMUSEUM

In der ehemaligen Lateinschule des Marktes Thurnau untergebracht, zeigt das Museum die Kunst des Töpferhandwerks, das in Thurnau schon seit dem 14. Jh. Tradition hat. Neben üblichem Gebrauchsgeschirr werden auch kunsthandwerkliche Arbeiten aus zwei Jahrhunderten gezeigt. Information: Tel. 09228/53 51. Geöffnet: April bis September Di bis Sa 14.00–17.00 Uhr, So 11.00–17.00 Uhr. Vom 1. Oktober bis 6. Januar und

Das Ruinentheater im Felsengarten Sanspareil

1. bis 31. März Do und Sa 13.00–16.00 Uhr, So 11.00–16.00 Uhr. Lage: Autobahn A 70, Ausfahrt Thurnau.

▶ TÜCHERSFELD: FRÄNKISCHE SCHWEIZ-MUSEUM

Es gehört zu den sehenswertesten Museen in Franken und ist unterhalb der steil aufragenden Felsen im Judenhof untergebracht. Es gibt Informationen über Geologie und Archäologie; Trachten und Zeugnisse des Brauchtums sowie Werkstätten sind zu betrachten und zahlreiche Veranstaltungen – auch für Kinder – werden angeboten.

Extra

Die schönen Landschaften und zahlreichen Sehenswürdigkeiten in der Fränkischen Schweiz üben seit dem 19. Jh. auch auf Dichter und Schriftsteller, Maler und Zeichner eine besondere Anziehungskraft aus. Sie waren begeistert von den malerischen Felskulissen, den Burgen und Schlössern auf der Höhe und den hübschen Dörfern mit ihren freundlichen Menschen. Die Fülle von Gedichten, Gemälden und Zeichnungen zeugt von der Reiselust dieser Künstler, aber auch der Schönheit und Eigenart der Landschaft.
Auch die Bedeutung der Fränkischen Schweiz für den Fremdenverkehr wuchs schnell, und 1834 schrieb Fürst Pückler-Muskau anerkennend: »Da diese Thäler sehr viel von Fremden besucht werden, so ist die Billigkeit der Preise wirklich bemerkenswert. Für Abendessen, Nachtlager und Frühstück nebst einer Menge frischer Wäsche ... betrug die Rechnung noch nicht ganz drei Gulden.«
Karl Immermann berichtet im Plauderton von seiner »Fränkischen Reise im Herbst 1837« zum Beispiel: »Franken ist wie ein Zauberschrank; immer neue Schubfächer thun sich auf und zeigen bunte, glänzende Kleinodien, und das hat kein Ende. Wer Deutschlands geheimste jungfräuliche Reize genießen will, der muß hierher reisen.«

Scheffel-Denkmal in Gößweinstein

Zu einem der beliebtesten Dichter der Fränkischen Schweiz wurde Joseph Victor von Scheffel, dem 1933 in Gößweinstein ein Denkmal gesetzt wurde. Der Gasthof, in dem er 1883 wohnte, ist nach ihm benannt. Vielerorts findet man kleine Verse, die aus seiner Hand stammen.

Aus ›Exodus Cantorum‹, 1863 von Joseph Victor von Scheffel:
»Ob Vorchheim bei Kirchehrenbach
Woll'n wir zu Berge steigen,
Dort schwingt sich am Walpurgistag
Der Franken Maimarktreigen,
Der ist seit grauer Heidenzeit
noch allem Landvolk theuer,
Schatzkind, halt Gürtel fest und Kleid,
Wir springen durch die Feuer!«

Ihren Namen verdankt die Fränkische Schweiz übrigens Joseph Heller, einem Literaten aus Bamberg, der sein 1829 erschienenes Wanderbuch »Muggendorf und seine Umgebung oder die fränkische Schweiz« betitelte.

Information: Telefon 09242/16 40, www.fsmt.de; geöffnet April bis Oktober Di bis So 10.00–17.00 Uhr, November bis März So 13.30–17.00 Uhr. Gruppen nach Anmeldung jederzeit. Lage: Autobahn A 9 Nürnberg–Berlin, Ausfahrt Pegnitz-Grafenwöhr, auf der B 470 über Pottenstein nach Tüchersfeld.

Freizeitbeschäftigungen

Radwandern

Radwandern gehört zu den beliebtesten Outdoor-Aktivitäten in der Fränkischen Schweiz. Seit kurzem gibt es neu ausgeschilderte und ergänzte Radwege, von denen neben 17 Fernradwegen auch zahlreiche Rundwege ausgewiesen sind. Zu den reizvollsten Touren gehören u.a. solche durch das Wiesenttal, das Trubachtal oder das Leinleitertal. Einige empfehlenswerte Radwege, welche sich auch für Familien mit Kindern eignen, sind:

Von **Betzenstein** führt der Radweg BT 19 in den Veldensteiner Forst zur Waldschänke Hufeisen und über Weidensees zurück (Länge 28 km, leicht auf Nebenstraßen, Flur- und Waldwegen).

Von **Egloffstein** über Mostviel, Wannbach und Hagenbach nach Pretzfeld durch das Trubachtal, besonders schön zur Kirschblüte Ende April. Genaue Routenbeschreibung bei der Tourismusinformation Egloffstein, Felsenkellerstraße 20, Tel. 09197/2 02.

Von **Kirchehrenbach** »Rund ums Walberla« über den Ehrenbachtal-Radweg nach Leutenbach, über Dietzhof nach Mittelehrenbach, Emreus, Pinzberg, Gosberg, Wiesenthau und dann Richtung Forchheim, um auf dem »Fränkische Schweiz-Radweg« in Richtung Kirchehrenbach zurückzufahren (Länge 26 km).

Von **Pretzfeld** über Egloffstein nach Obertrubach auf dem Trubachtal-Radweg (Tr) (Länge 20 km).

Von **Muggendorf** über Gößweinstein, Pottenstein nach Pegnitz auf dem Gößweinstein-Radweg (Gö) (Länge 28 km).

Eine ausführliche Beschreibung der Radwege findet man im Internet unter www.fraenkische-schweiz.com/sport

Fahrradverleih:

Betzenstein: Touristinformation, Tel. 09244/2 64.

Egloffstein: Touristinformation, Tel. 09197/2 02.

Gößweinstein: SB-Tank Gößweinstein, Pezoldstraße, Tel.09242/2 08.
Heiligenstadt: Touristinformation, Tel. 09198/92 99 32.
Hollfeld: Touristinformation, Tel. 09274/98 00.
Muggendorf: Aktiv Reisen, Tel. 09196/99 85 66.
Obertrubach: Elisabeth Müller, Teichstr. 30, Tel. 09245/7 00.
Pegnitz: »Radio Aktiv«, Bayreutherstraße, Tel. 09241/81 81.
Pottenstein: Am Minigolf-Platz, Fam. Batzel, Tel.09243/8 12 oder 16 07.

Klettern an den Felsen bei Obertrubach

Klettern

Mit ihren unzähligen Dolomitfelsen ist die Fränkische Schweiz ein ideales Klettergebiet. Eine Vielzahl von Routen aller Schwierigkeitsgrade stehen zur Verfügung. Die Ehrenbürg, »Walberla« genannt, ist ohne Zweifel das beliebteste Klettergebiet in der Fränkischen Schweiz. Schon in den 1920er Jahren wurden die Ostseite und die Rodenstein-Seite regelmäßig besucht, und auch heute noch findet man vor allem an Wochenenden viele begeisterte Kletterer. Besonders beliebt sind auch die Gegenden um Obertrubach, ebenso die Felsen um Egloffstein sowie der Napoleon, eine mehrere hundert Meter lange Südwand bei Behringersmühle. Informationen gibt es beim Reisebüro Aktiv Reisen, Tel. 09196/99 85 66.

Reiten

In der Fränkischen Schweiz bieten Reiterhöfe Reitunterricht, Workshops »Rund um das Pferd« sowie Gelände- und Wanderritte durch die Landschaft an.
Bei der Tourismuszentrale Fränkische Schweiz, Tel. 09194/79 77 76 sowie unter www.fraenkische-schweiz.com gibt es dazu Informationen.

Das Felsenbad von Pottenstein

Bäder

Die Auswahl an Bädern ist groß, für kühle Tage bieten sich auch beheizte Freibäder und Hallenbäder an.

Ebermannstadt: Erlebnis-Freibad am Weichselgarten in Rothenbühl, Tel. 09194/73 91 44. Hallenbad (während der Schulferien geschlossen), Tel. 09194/56 11.
Egloffstein: Freibad (beheizt), Tel. 09197/7 98.
Forchheim: Freibad (beheizt), Tel. 09191/21 00, Hallenbad, Tel. 09191/1 36 00.
Gößweinstein: Hallenbad, Tel. 09242/14 75.
Gräfenberg: Freibad, Tel. 09192/99 76 63, Hallenbad, Tel. 09192/99 76 11.
Heiligenstadt: Hallenbad, Tel. 09198/80 80.
Hollfeld: Freibad, Tel. 09274/84 20.
Muggendorf: Freibad, Tel. 09196/2 77.
Obernsees: Therme »Obernsees«, Tel. 09206/99 30 00.
Pegnitz: Freibad, Tel. 09241/15 88, Hallenbad, Tel. 09241/35 79.

Tipp Eine besondere Freizeitattraktion ist die **Sommerrodelbahn** in Pottenstein mit 1160 m Bahnlänge, 14 Steilkurven, 2 S-Bögen und maximaler Geschwindigkeit von 40 km/h. Sie überwindet 70 m Höhenunterschied und ein Gefälle von 6%. Sie ist täglich geöffnet ab 10.00 Uhr bis mindestens 17.00 Uhr. Im Winter witterungsabhängig, Auskunft Tel. 09243/92200.

Pottenstein: Felsenbad (unbeheizt), Tel. 09243/70 05 92. Freizeit- und Familienbad »Juramar«, Tel. 09243/90 31 66.

Streitberg: Freibad, Tel. 09196/2 98.

Waischenfeld: Freibad (beheizt), Tel. 09202/8 80.

Bootsverleih

Fahrten mit Kajaks und Kanus sind bei Kindern und Jugendlichen sehr beliebt. Dazu bietet die Wiesent ideale Möglichkeiten. An ihrem Ufer gibt es mehrere Bootsverleihe. Auch der Schöngrundsee in Pottenstein (Touren 12 und 13) hat einen Bootsverleih.

Behringersmühle: Stempfermühle, Tel. 09242/ 9 25 96.

Forchheim: Sportinsel, Tel. 09191/ 1 66.

Muggendorf: Aktiv Reisen, Tel. 09196/ 99 85 66.

Pottenstein: Schöngrundsee, Tel. 09243/ 8 13.

Streitberg: Freibad, Tel. 09196/2 98.

Waischenfeld: Kajakvermietung, Tel. 09202/3 95.

rechts: Auf dem Campingplatz »Bärenschlucht« bei Pottenstein

Camping

Sehr beliebt ist vor allem bei Kindern das Zelten. In der Fränkischen Schweiz gibt es zahlreiche schöne Campingplätze in reizvoller Umgebung.

Campingplatz »Bärenschlucht«, Weidmannsgesees 12, 91278 Pottenstein, Tel. 09243/2 06.
www.camping-baerenschlucht.de

Campingplatz Fränkische Schweiz, Tüchersfeld (Büro: Im Tal 13), Tel. 09242/17 88. Der erste Kinder-Campingplatz in Bayern. www.campingplatz-fraenkische-schweiz.info;

Campingplatz Jurahöhe, Kleinlesau 9, 91278 Pottenstein, Tel. 09243/91 73.

Campingplatz »Bieger«, Ortsteil Rothenbühl 3, 91320 Ebermannstadt, Tel. 09194/51 99 92.

Jugendzeltplatz J. Walter, Wolfsberg 43, 91286 Obertrubach, Tel. 09245/3 83.

Tipp Für Kinder ist die Fahrt mit der historischen **Dampfbahn** zwischen Ebermannstadt und Behringersmühle ein Erlebnis. Die Züge verkehren jeden Sonntag vom 1. Mai bis 31. Oktober von Ebermannstadt um 10.00, 14.00 und 16.00 Uhr, von Behringersmühle um 11.00, 15.00 und 17.00 Uhr. Auskünfte unter Tel. 09194/794541 oder beim Städtischen Verkehrsamt Ebermannstadt, Tel. 09194/50640.

1 Durch das Kainachtal

Blühende Wiesen und Schmetterlinge:
Hollfeld – Kainachtal – Kainach – Schlötzmühle – Kainach – Hollfeld

- leicht
- km 9 km
- 2¼ Std.
- ⇅ gering

▶Tourencharakter: Sehr entspannende Wanderung ohne nennenswerte Höhenunterschiede, besonders schön, wenn im Frühling die Wiesen blühen.
▶Beste Jahreszeit: Frühjahr bis Frühsommer.
▶Ausgangs-/Endpunkt: Hollfeld, Freibad.
▶Wanderkarte: Fritsch Wanderkarte Naturpark Fränkische Schweiz Veldensteiner Forst–Hersbrucker Alb, Blatt Süd, Maßstab 1:50 000.
▶Markierung: Gelber Ring, roter Ring, gelber Punkt, blauer Punkt.
▶Verkehrsanbindung: Autobahn A 70, Abfahrt Schirradorf oder Stadelhofen auf B 22 nach Hollfeld. Busverbindung mit Bamberg und Bayreuth.
▶Einkehr: Hollfeld: Gasthof Schrenker, Spitalplatz 2; Café Zum Deutschen Michel, Marienplatz 20.
▶Unterkunft: Hollfeld: Landhotel Wittelsbacher Hof, Tel. 09274/9 09 60, Fax 09274/90 96 26, E-Mail: info@wittelsbacher-hof-hollfeld.de
▶Tourist-Info: Touristinformation Hollfeld, Marienplatz 18, 96142 Hollfeld, Tel. 09274/980 15, Fax 09274/9 80 41, www.hollfeld.de

Die natürlich gebliebene Landschaft zwischen Hollfeld und der Schlötzmühle ist gerade das Richtige für Naturfreunde. Im stillen Kainachtal mit seinem idyllischen Wasserlauf und den bunten Wiesenflächen gibt es viel zu entdecken. Auch die Wacholderhänge bei der Schlötzmühle beeindrucken.

Der Wegverlauf

Wir starten in **Hollfeld** beim Freibad (hier Wanderkarte und Wegweiser), folgen der Markierung gelber Ring (auch rote Raute) auf breitem Promenadenweg zwischen Waldhang und Wiese. Zahlreiche Bänke laden zur Rast ein, und während sich das Flüsschen zwischen blühenden Wiesen dahinschlängelt, können wir die Ruhe dieser Land-

Malerisch ist die idyllische Lage von Hollfeld

Tipp **Kinderwagenwandern**: Bei der Touristinformation in Hollfeld gibt es zwei ausgearbeitete Wandervorschläge.

schaft genießen. Schließlich erreichen wir **Kainach** (30 Min.) und treffen dort auf die Asphaltstraße. Wir schwenken nach links, wenden uns in der Dorfmitte beim Brunnen nach rechts (Wegweiser Wonsees) und folgen der Markierung gelber Punkt gleich wieder links. Nun wandern wir auf leicht ansteigender Straße, dabei schweift der Blick bis zur **Burg Zwernitz** in Sanspareil auf der Höhe. An einer einsam stehenden Scheune schwenken wir nach rechts und folgen der Markierung roter Ring. Der Weg führt leicht abwärts, an einem Hang mit Wacholderbüschen (NSG) vorbei nach **Schlötzmühle** (1:30 Std.).

Von hier wandern wir auf bekanntem Weg zurück nach **Kainach** (1:45 Std.).

In der Ortsmitte wenden wir uns nach rechts (Markierung blauer Punkt) und folgen bei der Freiwilligen Feuerwehr dem Wiesenweg nach links. Nun wandern wir auf der anderen Seite der Kainach nach **Hollfeld** zurück (2:15 Std.).

Variante: Von Kainach beim Brunnen in der Dorfmitte nach links und der Markierung blauer Punkt folgend auf der anderen Seite des Kainachtales nach Hollfeld zurück (2 km).

Tipp In Hollfeld lädt die Museumsscheune zum Besuch ein. Es gibt Informationen über die Kultur des Weizen- und Roggenanbaus, zur Flachsverarbeitung und Bienenzucht. Zu bestaunen sind hier historische landwirtschaftliche Geräte sowie Hausrat zum Buttern und Brotbacken. Geöffnet ist Mai bis Oktober jeden Samstag und Sonntag sowie zum Palmsonntag, zum Altstadtfest, Herbst- und Weihnachtsmarkt von 14.00–16.00 Uhr. Tel. 09274/94 75 95.

2 Zum Schloss Greifenstein

Auf den Spuren der Stauffenberger:
Heiligenstadt – Schloss Greifenstein – Ziegelhütte – Heiligenstadt

mittel

8 km

2 ½ Std.

↑↓ 133 m

▶**Tourencharakter:** Lange Wanderung auf sehr unterschiedlichen Wegen. Ab Schloss Greifenstein vor allem Waldwanderung, später auch schöne Ausblicke auf Feldwegen.
▶**Beste Jahreszeit:** Frühjahr bis Herbst.
▶**Ausgangs-/Endpunkt:** Heiligenstadt, Marktplatz.
▶**Wanderkarte:** Fritsch Wanderkarte Naturpark Fränkische Schweiz Veldensteiner Forst–Hersbrucker Alb, Blatt Süd, Maßstab 1:50 000.
▶**Markierung:** Gelber Ring, rot-weiß diagonal geteiltes Rechteck, MD mit rotem Senkrechtstrich, grüner Querstrich.
▶**Verkehrsanbindung:** Autobahn A 70, Abfahrt Schirradorf oder Stadelhofen, über Hollfeld, Aufseß nach Heiligenstadt. Busverbindung mit Bamberg und Ebermannstadt.
▶**Einkehr:** Heiligenstadt: Hotel Heiligenstadter Hof, Marktplatz 9. Burg Greifenstein: Burgklause an der Burg.
▶**Unterkunft:** Heiligenstadt: Hotel Heiligenstadter Hof, Tel. 09198/7 81 und 7 82, Fax 09198/81 00, E-Mail: info@hotel-heiligenstadter-hof.de
▶**Tourist-Info:** Verkehrsbüro Heiligenstadt/Ofr., Hauptstr. 21, 91332 Heiligenstadt, Tel. 09198/ 92 99 32, Fax 09198/92 99 40, www.markt-heiligenstadt.de

Das Schloss Greifenstein ist ein sehr beliebtes Wanderziel, das auf hohem Felsen über dem Leinleitertal thront. Für Kinder gibt es gleich neben dem Schloss ein Wildschweingehege und spezielle Führungen durch das Schloss.

Kinderspielplatz am See bei Heiligenstadt

Der Wegverlauf

Wir beginnen diese Wanderung beim Wegweiser am Marktplatz in Heiligenstadt vor dem Hotel Heiligenstadter Hof, gehen nach rechts zur Bundesstraße und stehen erneut vor einem Wegweiser. Dort wenden wir uns nach links (Judenfriedhof, Markierung gelber Ring) und folgen am Ortsausgang dem rechts abzweigenden Pfad. Auf ansteigender Straße kommen wir zur Straße Kulich, gehen dort weiter geradeaus und überqueren die folgende Weggabelung. Links bietet sich eine schöne Aussicht zum **Schloss Greifenstein**. Wir wandern zwischen Wiesen, biegen dann links in den Wald und folgen dem rechts abzweigenden Pfad weiter. Nun wandern wir am Feldrand entlang, genießen die Aussicht auf Heiligenstadt und folgen dem Pfad nach links zum **Judenfriedhof** (45 Min.).

Dort wenden wir uns nach rechts, folgen dem Wegweiser nach Aufseß und kommen zur Bundesstraße. Auf ihr gehen wir wenige Meter, schwenken dann nach links (Wegweiser Schloss Greifenstein) und erreichen einen hölzernen **Pavillon**. Über eine schöne Lindenallee führt der Weg in 15 Min. direkt zum Schloss Greifenstein, das nur mit einer Führung besichtigt werden kann. Vom Schloss zurück wenden wir uns wenige Meter nach dem Pavillon beim Kreuz nach links und folgen nun der Markierung rot-weiß diagonal geteiltes Rechteck. Wir wandern auf einem breiten Waldweg, der auf eine Asphaltstraße mündet. Dort halten wir uns links, verlassen sie nach wenigen Metern rechts und gelangen auf einem holprigen Waldweg über Wurzeln zu einer Querstraße. Wir biegen nach links (Markierung fehlt) und folgen an der Weggabelung der Markierung rot-weiß diagonal geteiltes Rechteck geradeaus weiter, bis wir auf den Main-Donau-Weg (MD), auch Markierung roter Senkrechtstrich, stoßen. Ihm folgen wir in Richtung Aufseß durch den Unteraufseßwald.

Am Marktplatz von Heiligenstadt steht das Fachwerk-Rathaus.

Dort, wo wir auf die Markierung grüner Querstrich stoßen, schwenken wir nach rechts und folgen dem Waldweg mit der Markierung grüner Querstrich auf einer breiten Forststraße. An einem bemoosten Felsbrocken dürfen wir den Abzweig nach links nicht verpassen.

Der Weg führt auf weichem Waldboden zu einer Asphaltstraße, die wir überqueren und dem Wegweiser Heiligenstadt folgen. Unser Weg führt durch ein kleines Waldstück, am Feldrand entlang bis zum nächsten Wald. Dort wenden wir uns nach rechts, gleich wieder nach links (Markierung fehlt) und wandern am Feldrand entlang zu einem Feldweg, auf dem wir rechts schwenkend nach **Ziegelhütte** gelangen.

Am Ortseingang bei der Bushaltestelle halten wir uns rechts, wenden uns bald nach links (Wegweiser Heiligenstadt) und wandern auf einem Feldweg, später durch Wald auf eine Asphaltstraßenkreuzung zu. Dort wählen wir die mittlere Fahrstraße und gelangen auf dieser auf die Ortsdurchfahrtsstraße in **Heiligenstadt**. Wir schwenken rechts und kommen zum Ausgangspunkt (2:30 Std.).

Tipp

In Heiligenstadt gibt es geführte Wanderungen für Kinder, Auskunft bei Heinz Hoffmann, Tel. 091987/7 15 oder bei der Touristinformation.

Von Zoggendorf zur Heroldsmühle

3

Schöne Rast am Kreuzstein: Zoggendorf – Kreuzstein – Heroldstein – Heroldsmühle – Burggrub – Zoggendorf

▶**Tourencharakter:** Abwechslungsreiche Wanderung auf Feld- und Wiesenwegen, teilweise auf Pfaden durch Wald, nur geringe Steigungen.
▶**Beste Jahreszeit:** Frühjahr bis Herbst.
▶**Ausgangs-/Endpunkt:** Zoggendorf, Ortsmitte Bushaltestelle.
▶**Wanderkarte:** Fritsch Wanderkarte Naturpark Fränkische Schweiz Veldensteiner Forst–Hersbrucker Alb, Blatt Süd, Maßstab 1:50 000.
▶**Markierung:** Grüner Ring, rot-weiß diagonal geteiltes Rechteck, gelber Querstrich.
▶**Verkehrsanbindung:** Autobahn A 70, Abfahrt Schirradorf oder Stadelhofen, über Hollfeld, Aufseß nach Heiligenstadt. Busverbindung mit Bamberg und Ebermannstadt.
▶**Einkehr:** Unterwegs: Heroldsmühle. Oberleinleiter: Brauerei-Gasthof Ott, Oberleinleiter 6, Montag Ruhetag. Burggrub: Gasthof Hösch, Burggrub 7.
▶**Unterkunft:** Heiligenstadt: Hotel Heiligenstadter Hof, Tel. 09198/7 81 und 7 82, Fax 09198/81 00, E-Mail: info@hotel-heiligenstadter-hof.de Heiligenstadt Ortsteil Burggrub: Gasthof Hösch, Tel. 09198/3 91.
▶**Tourist-Info:** Verkehrsbüro Heiligenstadt/Ofr., Hauptstr. 21, 91332 Heiligenstadt, Tel. 09198/92 99 32, Fax 09198/92 99 40, www.markt-heiligenstadt.de

leicht
13 km
3 1/2 Std.
↑↓ gering

Die Gaststätte Heroldsmühle ist ein beliebtes Ausflugsziel im Leinleitertal mit eigener Forellenzucht – hier lohnt sich eine Rast. Die Gaststätte lässt sich auf einem sehr schönen und abwechslungsreichen Geologischen Lehrpfad bequem erreichen.

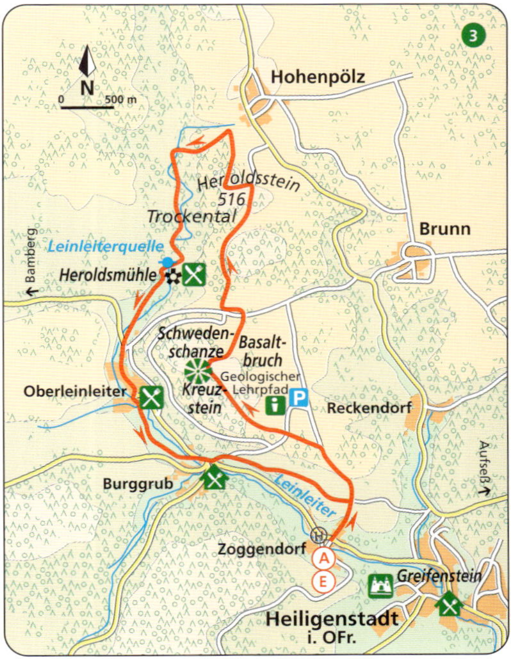

Der Wegverlauf

Wir starten in **Zoggendorf** bei der Bushaltestelle im Ort und folgen dann beim Pub Zoggendorf der Teerstraße aufwärts (Wegweiser Neumühle, Markierung grüner Ring). An einer Kreuzung (rechts sehen wir das Schloss Greifenstein) geht es weiter geradeaus, wir erreichen die Höhe und schwenken beim Wegweiser 2, Rundgang nach links (Markierung grüner Ring) und wandern auf einem breiten Weg zwischen Feldern. An einer Kreuzung gehen wir geradeaus an einem kleinen Wanderparkplatz und einer Informationstafel über die Landwirtschaft vorbei auf einem Feldweg mit schöner Aussicht, der in den Wald führt. Wir folgen immer dem Wegweiser **Geologischer Lehrpfad** (Markierungen grüner Ring und rotweiß diagonal geteiltes Rechteck wechseln), können von einem Felsen die schöne Aussicht in das Leinleitertal genießen und kommen an einen Feldrand. Dort wenden wir uns nach links, wandern am Feld entlang und biegen bald an einem Pfad nach links (hier Markierung grüner Ring), um einen Abstecher zum **Kreuzstein** mit schönem Sitzplatz und herrlicher Aussicht auf Oberleinleiter zu unternehmen (1 Std.).

Blick vom Kreuzstein auf die Landschaft

Von dort folgen wir dem Wegweiser Geologischer Lehrpfad und kommen zum Naturdenkmal **Basaltbruch** mit Lehrtafel. Von diesem Abstecher setzen wir unsere Wanderung fort, stoßen auf eine Asphaltstraße, schwenken nach links und wenden uns nach 200 m nach rechts (Wegweiser Hohenpölz). Nun wandern wir auf Hohenpölz zu, sehen die schöne Lage des Ortes und schwenken aber kurz danach scharf nach links (spitzer Winkel). Auf einem Feldweg gelangen wir zum **Heroldstein** (1:30 Std.), einer Felsgruppe aus Dolomitgestein, die mit Steilhang zum Leinleiter-Trockental abbricht.

Wir folgen dem Wanderweg auf einem Wiesenweg abwärts, schwenken am Wegweiser Leinleiterquelle nach links und dürfen nach 300 m den schmalen, nach links abzweigenden Pfad nicht verpassen (keine Markierung, kurz danach grüner Ring sichtbar).

Tipp

Die **Heroldsmühle** wurde erstmals 1150 erwähnt und diente früher zum Mahlen von Getreide, später zur Stromerzeugung. Das riesige Eisenmühlrad mit einem Durchmesser von 7,20 m wurde von einer nahe gelegenen Karstquelle gespeist, heute ist es eine eindrucksvolle Attrappe. Das Mühlengebäude wurde 1975 zur Gaststätte umgebaut.

Der Pfad mündet auf einen Feldweg, wir folgen dem Wegweiser Heroldsmühle, **Leinleiterquelle** nach links und wandern durch das Leinleitertal zur Quelle. Dreht man einige Steine im Wasser um, lassen sich mit etwas Glück Bachflohkrebse beobachten. An der folgenden Gabelung wählen wir den rechten Weg und kommen zur **Heroldsmühle** (2:15 Std.).

Hier folgen wir dem Wegweiser nach Oberleinleiter (Markierung gelber Querstrich wechselt mit grünem Ring) schwenken am Ortsende nach rechts, überqueren eine Brücke (Wegweiser Heiligenstadt) und gelangen auf einem Wiesenweg zur Landstraße in **Burggrub**.

Dort halten wir uns links, biegen am Gasthöf Hösch nach links auf eine Teerstraße und wenden uns nach wenigen Metern nach rechts, um auf einem herrlichen Panoramaweg (Splittweg) nach Zoggendorf zu wandern. Wir kommen zur Kreuzung mit einer Teerstraße, an der wir zu Beginn der Wanderung geradeaus aufwärts gingen. Hier wenden wir uns nach rechts und erreichen den Ausgangspunkt in **Zoggendorf** (3:30 Std.).

Bei der Heroldsmühle im Leinleitertal herrscht im Sommer Hochbetrieb.

4 Von Veilbronn zum Mathelbach

Auf lehrreichen Pfaden:
Veilbronn – Naturlehrpfad – Veilbronn

leicht
5 km
1 ½ Std.
⇅ 117 m

▶**Tourencharakter:** Bequeme Wanderung auf schönen Wegen, im Bereich des Lehrpfades ansteigend, um Störnhof als Höhenweg zwischen Feld und Wiese.
▶**Beste Jahreszeit:** Frühjahr bis Herbst.
▶**Ausgangs-/Endpunkt:** Veilbronn, Wanderparkplatz.
▶**Wanderkarte:** Fritsch Wanderkarte Naturpark Fränkische Schweiz Veldensteiner Forst–Hersbrucker Alb, Blatt Süd, Maßstab 1:50 000.
▶**Markierung:** Roter Ring, gelbes Dreieck, gelber Schrägstrich.
▶**Verkehrsanbindung:** Autobahn A 70, Abfahrt Schirradorf oder Stadelhofen, über Hollfeld, Aufseß, Heiligenstadt nach Veilbronn. Busverbindung mit Ebermannstadt und Heiligenstadt.
▶**Einkehr:** Veilbronn: Landgasthof Lahner-Buhr.
▶**Unterkunft:** Veilbronn: Landgasthof Lahner-Buhr, Tel. 09198/9 28 99–0, Fax 09198/9 28 99 55, E-Mail: info@landgasthof-lahner-buhr.de; Landhaus Sponsel-Regus, Tel. 09198/2 22 und 9 29 70, Fax 09198/14 83, E-Mail: sponsel-regus@t-online.de
▶**Tourist-Info:** Verkehrsbüro Heiligenstadt/Ofr., Hauptstr. 21, 91332 Heiligenstadt, Tel. 09198/ 92 99 32, Fax 09198/92 99 40, www.markt-heiligenstadt.de

Der Naturlehrpfad bei Veilbronn informiert nicht nur über Bäume, Sträucher und Kräuter der Gegend, sondern ist auch ein reizvoller Pfad im Schatten des Waldes mit Sitzplatz und bizarren Felsen.

Der Wegverlauf

Vom Wanderparkplatz in **Veilbronn** aus schlagen wir die Richtung Störnhof ein und verlassen nach wenigen Metern die Asphaltstraße nach links (Wegweiser Leidingshofer Tal, Lehrpfad, Markierung roter Ring. An der folgenden Gabelung halten wir uns links und steigen einige Stufen aufwärts.

Tipp

Neben dem Wanderparkplatz befindet sich auch ein schöner Kinderspielplatz mit Schaukel, Rutsche, Kletterstangen und mehr.

Am plätschernden Bach entlang gehend mündet der Pfad auf einen breiten Waldweg, hier wenden wir uns nach rechts (Wegweiser Rundwanderweg und stilisierter Pavillon). Wir kommen an einem überdachten Sitzplatz vorbei zur

Blick auf Veilbronn im Leinleitertal

Mathelbachquelle, finden einige Lehrtafeln von Gehölzen vor und erreichen eine Weggabelung. Hier folgen wir dem Hinweis nach Streitberg (Markierung gelbes Dreieck), steigen aufwärts und folgen am nächsten Wegweiser dem Lehrpfad weiter (Markierung P und roter Ring). Wir gehen zwischen Waldrand und Feld und dürfen an der schmalen Stelle des Feldes den Abzweig in den Wald nicht verpassen. Wir kommen zum Pavillon, einem gemütlichen Rastplatz. Allerdings ist die Aussicht nicht überwältigend, weil die Bäume schon eine beträchtliche Höhe erreicht haben. Von hier folgen wir der Markierung roter Kreis weiter auf dem Lehrpfad nach **Veilbronn** (Gesamtwanderzeit 1:30 Std.).

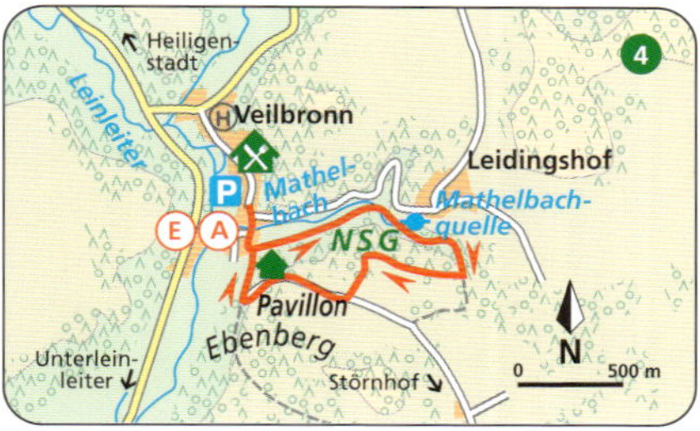

Tipp

In Veilbronn ist der Landgasthof Lahner-Buhr mit schönem Kaffeegarten längst kein Geheimtipp mehr. Den Gast erwarten gemütliche Fremdenzimmer, sehr schmackhafte Wildgerichte und Spezialitäten der fränkischen Küche sowie hausgebackener Kuchen. Dieser kinderfreundliche Landgasthof mit umfangreichem Speisenangebot für Kinder wird vom ADAC besonders empfohlen.

5 Wanderung zum Totenstein

Ein Felsvorsprung über dem Leinleitertal:
Veilbronn – Unterleinleiter – Volkmannsreuth – Totenstein – Veilbronn

mittel

11 km

2 3/4 Std.

↑↓ 110 m

▶ **Tourencharakter:** Vorwiegend bequeme Wege im Schatten oder am Waldrand, vom Totenstein sehr steiler Abstieg durch Buchenwald, bei Feuchtigkeit schwierig, da rutschig.
▶ **Beste Jahreszeit:** Sommer und Herbst.
▶ **Ausgangs-/Endpunkt:** Veilbronn, Wanderparkplatz.
▶ **Wanderkarte:** Fritsch Wanderkarte Naturpark Fränkische Schweiz Veldensteiner Forst–Hersbrucker Alb, Blatt Süd, Maßstab 1:50 000.
▶ **Markierung:** Gelber Querstrich, grünes Kreuz und grüner Kreis, gelber Punkt.
▶ **Verkehrsanbindung:** Autobahn A 70, Abfahrt Schirradorf oder Stadelhofen, über Hollfeld, Aufseß, Heiligenstadt nach Veilbronn. Busverbindung mit Ebermannstadt und Heiligenstadt.
▶ **Einkehr:** Unterleinleiter: Gasthaus Zur Angerbrücke, Hauptstraße, geöffnet ab 15.00 Uhr, So ab 10.00 Uhr, Mi Ruhetag.
▶ **Unterkunft:** Veilbronn: Landgasthof Lahner-Buhr, Tel. 09198/9 28 99–0, Fax 09198/9 28 99 55, E-Mail: info@landgasthof-lahner-buhr.de; Landhaus Sponsel-Regus, Tel. 09198/2 22 und 9 29 70, Fax 09198/14 83, E-Mail: sponsel-regus@t-online.de
▶ **Tourist-Info:** Verkehrsbüro Heiligenstadt/Ofr., Hauptstr. 21, 91332 Heiligenstadt, Tel. 09198/ 92 99 32, Fax 09198/92 99 40, www.markt-heiligenstadt.de

Durch das stille Leinleitertal führt ein schöner Wanderweg nach Unterleinleiter, einem beschaulichen Örtchen. Auf der anderen Seite des Tales schwingt er sich hinauf auf die Höhe zum Totenstein, wo die Anstrengung mit herrlicher Aussicht in das Leinleitertal belohnt wird.

Der Wegverlauf

Wir starten am **Wanderparkplatz**, gehen zum Wegweiser an der Telefonzelle und wenden uns nach rechts in Richtung Störnhof. Am Ortsausgang von Veilbronn biegen wir in den rechts abzweigenden Pfad (Wegweiser Ebermannstadt, Unterleinleiter, Markierung gelber Querstrich), der unterhalb der Almrauschhütte auf einen befestigten Waldweg mündet. Hier halten wir uns rechts und gelangen auf eine schmale

Tipp

Der Ritter Hans Wilhelm von Streitberg aus Veilbronn stürzte sich vom Totenstein mit Knecht und Pferd aus Gram in die Tiefe. Nachdem sein Stammhalter als Baby starb, schenkte ihm seine Frau eine Tochter. Am gleichen Tag gebar die Frau des Webers einen prächtigen Sohn, gegen den der Ritter seine Tochter gegen viel Geld eintauschen wollte. Da der Weber auf diesen Handel nicht einging, wurde aus dem ehrenwerten Ritter ein labiler Mensch, der schließlich keinen anderen Ausweg als den Tod wusste.

Blick vom Totenstein auf Veilbronn

Asphaltstraße, auf der wir nach **Unterleinleiter** kommen (30 Min.). Dort überqueren wir die Brücke über die Leinleiter, gehen nach links, biegen rechts in die Kirchstraße und kommen über Steinweg zur Dürrbrunner Straße. Dort wenden wir uns nach rechts und folgen dem Wegweiser Höhenweg Veilbronn, Dürrbrunn, Kalteneggolsfeld (Markierung grünes Kreuz und grüner Kreis). An der folgenden Gabelung halten wir uns wieder rechts und kommen zu einem Abzweig mit Bank (1:15 Std.).

Wir wandern auf der Asphaltstraße zwischen Feldern und Wiesen geradeaus weiter bis zu einem Wegweiser am Waldrand. Hier verlassen wir die Straße und gehen geradeaus bis zu einer eingezäunten Schonung. Dort biegen wir nach rechts (Markierung gelber Punkt), auf der folgenden Asphaltstraße wieder rechts, schwenken dann nach links und kommen nach **Volkmannsreuth** (2 Std.).

Im Ort (Wegweiser Veilbronn, Markierung gelber Punkt) gehen wir auf der Asphaltstraße bis zur Kurve und folgen geradeaus dem Wiesenweg (Wegweiser Totenstein, Veilbronn). Mit der Markierung gelber Punkt gelangen wir zum **Totenstein** mit schöner Aussicht auf Veilbronn (2:30 Std.).

Von der Höhe führt ein Pfad steil abwärts und mündet auf die Asphaltstraße. Hier halten wir uns rechts und schwenken bei der Brücke nach links zum Ausgangspunkt am **Wanderparkplatz** (2:45 Std.).

Für **Kinderwagen** geeignet ist der asphaltierte Radwanderweg auf dem Maintalradweg vom Wanderparkplatz in Veilbronn bis nach Unterleinleiter.

6 Vom Schnepfenstein zum Hummerstein

Großartige Aussichten in zwei Täler: Unterleinleiter – Schnepfenstein – Gasseldorf – Hummerstein – Unterleinleiter

mittel

km 11 km

3 ½ Std.

↑↓153 m

▶**Tourencharakter:** Abwechslungsreiche Wanderung mit schönen Aussichten. Steiler Anstieg von Gasseldorf zum Hummerstein, sehr steiler Abstieg vom Klebfelsen nach Unterleinleiter.
▶**Beste Jahreszeit:** Frühjahr bis Herbst.
▶**Ausgangs-/Endpunkt:** Unterleinleiter, Ortsmitte.
▶**Wanderkarte:** Fritsch Wanderkarte Naturpark Fränkische Schweiz Veldensteiner Forst–Hersbrucker Alb, Blatt Süd, Maßstab 1:50 000.
▶**Markierung:** Gelber Punkt, blauer Schrägstrich, grüner Senkrechtstrich, gelbes Dreieck, roter Senkrechtstrich.
▶**Verkehrsanbindung:** Autobahn A 70, Abfahrt Schirradorf oder Stadelhofen, über Hollfeld, Aufseß, Heiligenstadt nach Unterleinleiter. Busverbindung mit Ebermannstadt und Heiligenstadt.
▶**Einkehr:** Gasseldorf: Speisegaststätte Bei Laki, Gasseldorfer Straße.
▶**Unterkunft:** Veilbronn: Landgasthof Lahner-Buhr, Tel. 09198/9 28 99–0, Fax 09198/9 28 99 55, E-Mail: info@landgasthof-lahner-buhr.de. Landhaus Sponsel-Regus, Tel. 09198/2 22 und 9 29 70, Fax 09198/14 83, E-Mail: sponsel-regus@t-online.de
▶**Tourist-Info:** Verkehrsbüro Heiligenstadt/Ofr., Hauptstr. 21, 91332 Heiligenstadt, Tel. 09198/ 92 99 32, Fax 09198/92 99 40, www.markt-heiligenstadt.de

Beiderseits des Leinleitertales locken Aussichtspunkte, die auf bequemen Pfaden gut erreichbar sind. Vom Hummerstein reicht der Blick auch in das weite Wiesenttal, wo Ebermannstadt mit seinen beiden Kirchtürmen gut erkennbar ist.

Der Wegverlauf

Wir starten in der Ortsmitte von **Unterleinleiter** bei der Kirche, Ecke Kirchenstraße/Steinweg und folgen dem Wegweiser (Markierung gelber Punkt) auf der Straße Zum Schnepfenstein aufwärts. Durch Mischwald kommen wir zu einer Wiese, halten uns an der Gabelung links, erreichen eine Kreuzung und biegen hier nach links zum **Schnepfenstein** (463 m) ab (50 Min.).

rechts: Vom Hummerstein bietet sich eine schöne Aussicht auf Gasseldorf und das Wiesenttal mit Ebermannstadt.

Von hier gilt der Wegweiser nach Ebermannstadt (Markierung blauer Schrägstrich). An einer Wegkreuzung (1:15 Std.) wechseln wir beim Wegweiser Gasseldorf zur Markierung grüner Senkrechtstrich. Auf breitem Waldweg mit kräuterreichem Wegrand kommen wir zu einer Wiese, die von bewaldeten Hängen umgeben ist. Besonders schön ist das Bild im Frühjahr, wenn sich die dunklen Nadelbäume mit dem hellen Grün der Laubbäume mischen. Bald sehen wir die Häuser von **Gasseldorf**, auf das wir zusteuern (1:45 Std.).

Im Ort gehen wir geradeaus, überqueren eine Brücke und am Gemeindeamt die zweite und folgen nun der Hummersteinstraße (Markierung gelbes Dreieck und gelber Strich), die wir bei der Zierlstraße verlassen und in den Waldweg (Sperrschild) gehen. Wir kommen zu einem breiten Schotterweg, schwenken nach links und können dort, wo der rote Senkrechtstrich auftaucht, nach rechts einen Abstecher (5 Min.) zum **Hummerstein** (472 m) unternehmen.

Von dort zurück, folgen wir dieser Markierung weiter nach Unterleinleiter. Wir wandern auf schönem Waldrandweg, biegen am Querweg nach links und kommen zum Abzweig in Richtung **Klebfelsen**. Dort wenden wir uns nach links (Markierung grünes Kreuz), schwenken an der folgenden Gabelung rechts (Wegweiser Klebfelsen), überqueren beim Sitzplatz eine Splittstraße und folgen dem Wegweiser nach **Unterleinleiter** auf steil abwärts führendem Schotterweg.

Im Ort gehen wir nach rechts die Glasleite entlang und steigen dann die links abwärts führenden Stufen (schwer zu sehen) ab oder gehen auf der Asphaltstraße in den Ort, überqueren die Brücke über die **Leinleiter** und kommen zum Ausgangspunkt zurück (3:30 Std.).

7 Zwischen Binghöhle und Guckhüll

Vom Tiefgang zum Ausblick:
Streitberg – Binghöhle – Guckhüll – Muschelquelle – Streitberg

mittel
7 km
2 ½ Std.
↑↓179 m

▶**Tourencharakter:** Abwechslungsreiche Wanderung, teilweise auf breiten Wegen und schmalen Pfaden, vorwiegend im Wald.
▶**Beste Jahreszeit:** Frühjahr bis Herbst.
▶**Ausgangs-/Endpunkt:** Streitberg, Ortsmitte am Dorfplatz.
▶**Wanderkarte:** Ortsplan und Wanderkarte von Markt Wiesenttal, erhältlich bei den Verkehrsämtern in Muggendorf und Streitberg.
▶**Markierung:** Schwarzer Ring.
▶**Verkehrsanbindung:** Autobahn A 70, Abfahrt Schirradorf oder Stadelhofen, über Hollfeld, Aufseß, Heiligenstadt, Unterleinleiter nach Streitberg. Busverbindung mit Ebermannstadt, Gößweinstein und Pegnitz.
▶**Einkehr:** Streitberg: Hotel-Gasthof Schwarzer Adler, Dorfplatz 7. Hotel-Restaurant Altes Kurhaus, Streitberger Berg 13. Historische Pilgerstube, Hans-Hertlein-Straße 1. Gasthof Zum Metzger, Streitberger Berg 8.
▶**Unterkunft:** Streitberg: Hotel-Gasthof Schwarzer Adler, Tel. 09196/92 94 90. Hotel-Restaurant Altes Kurhaus, Tel. 09196/7 36.
▶**Tourist-Info:** Tourist-Information Muggendorf/Streitberg, Rathaus, 91346 Wiesenttal, Tel. 09196/1 94 33, Fax 09196/92 99 30, www.wiesenttal.de

Tipp

»Erlebnis Ammonitenmuseum«
Das Ammonitenmuseum in Streitberg bietet Sonderführungen für Kinder an sowie einige geologische Exkursionen mit Rucksackverpflegung. Mehr Information unter Tel. 09196/99 85 95.

Die Binghöhle in Streitberg mit prächtigen Tropfsteingebilden ist 400 m lang und wohl die interessanteste Höhle der Fränkischen Schweiz. Ein künstlich angelegter zweiter Ausgang ermöglicht, dass der Besucher nicht auf dem gleichen Weg zum Eingang zurückkehren muss.

Der Wegverlauf

Wir folgen in der Ortsmitte von **Streitberg** beim Dorfplatz dem Wegweiser zur Binghöhle (Markierung schwarzer Ring), die wir nach 10 Min. erreichen. Die Binghöhle ist vom 15. März bis 10. November täglich von 9.00–12.00 Uhr und 13.00–17.00 Uhr geöffnet.

Vom Höhleneingang bietet sich eine schöne Aussicht auf Streit-

Prächtige Tropfsteingebilde in der Binghöhle

berg und die **Ruine Neideck**. Wir folgen dem Pfad, vorbei an einem markanten, steil aufragenden Felsen und gelangen auf eine Asphaltstraße. Hier geht es abwärts, wir folgen dem Wegweiser Guckhüll und müssen auf der Asphaltstraße leicht ansteigen. Am Abzweig Muschelquelle vorbei folgen wir immer der Markierung schwarzer Ring durch Wald, kommen an bizarren Kalkfelsen mit ausgeprägter Schichtung vorbei und erreichen einen Aussichtspunkt mit herrlichem Ausblick auf das **Wiesenttal** (1 Std.). An der folgenden Gabelung wählen wir den linken Weg, aus dem ein breiter Waldweg wird. An der folgenden Kreuzung halten wir uns links, wenden uns dann nach rechts und wandern durch Buchenwald. An der nächsten Kreuzung müssen wir gut auf den Abzweig achten, da der Weg im Buchenwald nicht sehr deutlich zu sehen ist. Dort schwenken wir nach links (Wegweiser Guckhüll), steigen aufwärts und kommen an einem Sitzplatz vorbei nach **Guckhüll** (1:30 Std.). Leider bietet sich von der hölzernen Plattform keine Aussicht durch hochgewachsene Bäume. Von hier wandern wir abwärts (Wegweiser Streitberg, Muschelquelle), beim Abzweig Felsenschlucht biegen wir nach rechts und folgen dann dem Wegweiser Streitberg über **Jägersteig**. Auf schmalem Pfad mit streckenweise schönen Aussichten kommen wir über einige Stufen auf einen breiten Weg, biegen hier nach rechts und stehen bald an der **Muschelquelle** (2:15 Std.). Auf einem schönen Promenadenweg erreichen wir wieder **Streitberg**, wo am Bürgerhaus ein schöner Kinderspielplatz vorhanden ist (2:30 Std.).

Für **Kinderwagen** bietet sich auf einem schönen Promenadenweg von Streitberg bis zur Muschelquelle ein Spaziergang an. Bei der Muschelquelle laden Bänke zum Verweilen ein.

8 Wanderung zur Riesenburg

Romantischer Rundweg: Muggendorf – Albertshof – Kuchenmühle – Riesenburg – Engelhardsberg – Adlerstein – Quackenschloss – Muggendorf

anspruchsvoll

14 ½ km

4 ½ Std.

↑↓ 206 m

▶ **Tourencharakter:** Sehr vielseitige Wanderung in Tälern und auf Höhen, vorwiegend gut begehbare Wald- und Wiesenwege. Anstrengend wegen mehrerer Auf- und Abstiege und der Länge.
▶ **Beste Jahreszeit:** Frühjahr bis Herbst.
▶ **Ausgangs-/Endpunkt:** Muggendorf, Marktplatz.
▶ **Wanderkarte:** Fritsch Wanderkarte Naturpark Fränkische Schweiz Veldensteiner Forst–Hersbrucker Alb, Blatt Süd, Maßstab 1:50 000.
▶ **Markierung:** Gelber Ring.
▶ **Verkehrsanbindung:** Autobahn A 9, Ausfahrt Pegnitz und auf B 470 bis Muggendorf. Autobahn A 73, Ausfahrt Forchheim Nord oder Süd durch Forchheim zur B 470 und über Ebermannstadt nach Muggendorf. Busverbindung mit Ebermannstadt, Gößweinstein und Pegnitz.
▶ **Einkehr:** Muggendorf: Mehrere Gasthöfe und Hotelrestaurants. Unterwegs: Kuchenmühle im Aufseßtal. Engelhardsberg: Gasthof Sebald-Heumann, Engelhardsberg 11.
▶ **Unterkunft:** Muggendorf: Hotel Feiler***, Tel. 09196/9 29 50, Fax 09196/3 62, E-Mail: info@hotel-feiler.de; Hotel Goldener Stern***, Tel. 09196/92 98–0, E-Mail: hotel@goldner-stern.de.
▶ **Tourist-Info:** Tourist-Information Muggendorf/Streitberg, Rathaus, 91346 Wiesenttal, Tel. 09196/1 94 33, Fax 09196/92 99 30, www.wiesenttal.de

Der Romantische Rundweg erinnert an die beiden Jurastudenten Ludwig Tieck und Wilhelm Heinrich Wackenroder, die mit der später berühmt gewordenen Pfingstreise durch das »Muggendorfer Gebirg« als Begründer der Romantik gelten. An sie erinnert am Beginn unseres Wanderweges in Muggendorf ein Denkmal.

Tipp

Von Muggendorf bietet sich eine Wanderung zu mehreren Höhlen an. Sie beginnt am Marktplatz, führt am Gasthof »Kohlmannsgarten« vorbei in den Lindenberg und über die Straße »Dooser Berg« bis zum Parkplatz. Dort zweigt der Wanderweg nach rechts ab (Markierung braunes Kreuz und rechter Senkrechtstrich), der über Oswaldhöhle, Wundershöhle, Witzenhöhle und Rosenmüllershöhle zurück nach Muggendorf führt und 5 km lang ist. Eine Wegbeschreibung gibt es beim Verkehrsamt in Muggendorf, Forchheimer Straße 8.

Der Wegverlauf

Muggendorf ist der erste und war lange Zeit auch der bedeutendste Fremdenverkehrsort in der Fränkischen Schweiz. Zahlreiche Schriften zu Beginn des 19. Jh. sorgten dafür, dass das »Muggendorfer Gebirg« weithin bekannt wurde und vornehme Kurgäste immer zahlreicher kamen.

Wir folgen vom Marktplatz in Muggendorf dem Wegweiser »Rundwanderweg Albertshof, Kuchenmühle, Aufseßtal« (Markierung gelber Ring) zum Denkmal für die Romantiker der Fränkischen Schweiz W. H. Wackenroder und Ludwig Tieck und wenden uns dort nach links zum Schmiedeberg. An urigen Linden vorbei kommen wir auf eine Hochebene und wandern dort nach rechts in Richtung Albertshof. Es folgt ein schöner Feldweg, auf der Asphaltstraße schwenken wir nach links, biegen an der Straßenkreuzung wieder nach links und kommen nach **Albertshof** (45 Min.).

Durch den Ort erreichen wir den Abzweig zur Kuchenmühle (Wegweiser) und wandern auf einer Asphaltstraße aus dem Ort. Dort verlassen wir die Fahrstraße (beim Schild Kuchenmühle) nach links, gehen abwärts und kommen auf einem schattigen Waldweg zur Kuchenmühle im romantischen **Aufseßtal** gelegen (1:15 Std.). Dort überschreiten wir eine kleine Brücke und wandern im herrlichen Tal in Richtung Doos. Beim Gasthaus Wanderklause überqueren wir die Straße und folgen dem Wegweiser »Romantischer Rundweg« nach links. Wir überqueren die **Wiesent** über eine Holzbrücke und wenden uns nach rechts. Der Markierung gelber Ring folgend, führt unser Wanderweg oberhalb der Wiesent entlang, bis wir an einer kleinen Treppe ankommen. Dort wenden wir uns nach rechts, überqueren die Wiesent und folgen dem Wegweiser Riesenburg, Engelhardsberg, Muggendorf. Nach einigen Metern auf der Straße schwenken wir nach rechts und steigen zur **Riesenburg**, einer gewaltigen Versturzhöhle auf. Der Wanderweg führt durch ein eindrucksvolles Felsenlabyrinth aufwärts, am König-Ludwig-Felsen vorbei, wo sich der König 1830 mit einer Inschrift verewigte. Oben angelangt, wenden wir uns bei einer Bank nach links und kommen nach Engelhardsberg (2:45 Std.).

Frühling im malerischen Aufseßtal

Wir gehen durch den Ort, schwenken bei der großen Linde mit zahlreichen Wegweisern nach links (ab hier gelten gelber Ring und roter Senkrechtstrich) und halten uns am Ortsausgang rechts. Nun folgt ein Wiesenweg, am Hochspannungsmast biegen wir nach links und kommen zu einem Sitzplatz, wo auf einer Tafel ein Vers von dem Romantiker Viktor von Scheffel zu lesen ist. Nach wenigen Metern können wir auf den **Adlerstein** (530 m) steigen und die schöne Landschaft bewundern (3:15 Std.). Nun führt der Wanderweg abwärts durch Buchenwald und am **Quakenschloss**, einer Felsgrotte, vorbei, die nach einer Sage benannt wurde. Wir überqueren eine Kreuzung, biegen am Waldrand nach links, wandern auf breitem Waldweg abwärts, bis wir zu einer Haarnadelkurve kommen. Dort trennen sich gelber Ring und roter Senkrechtstrich. Wir folgen weiter der Markierung gelber Ring nach **Muggendorf** (4:30 Min.)

Variante: Um zur **Oswaldhöhle** sowie einem Pavillon mit schönem Ausblick auf Muggendorf und das breite Wiesenttal zu gelangen, folgen wir bei der Haarnadelkurve der Markierung roter Senkrechtstrich. Der Wanderweg führt aufwärts, dann abwärts und durch die Oswaldhöhle mit einer Höhe von 1,60 m, die nach einem Einsiedler benannt wurde (Wanderzeit verlängert sich um 30 Min.).

Tipp

Lange bevor bedeutende Schriftsteller und Maler die Fränkische Landschaft entdeckten, unternahmen Ludwig Tieck (1773–1853) und Wilhelm Heinrich Wackenroder (1773–1798) – zwei Jurastudenten aus Erlangen – 1793 ihre später berühmt gewordene Pfingstreise durch das »Muggendorfer Gebirg«, wie die Fränkische Schweiz damals genannt wurde. Ihre Reiseeindrücke erzählen zwei Mönche, Literaturgestalten von Tieck und Wackenroder, die sich auf der Pilgerfahrt von Pottenstein zum Wallfahrtsort Gößweinstein befanden. Mit der gefühlsbetonten Beschreibung der Landschaft in ihrem Tagebuch wurde die Romantik als Kunstform geboren, die im 19. Jh. zu ihrer vollen Blüte gelangte.

Zum »Schwingbogen«

9

Zwischen bizarren Felsen und dem Wiesenttal: Muggendorf – Neudorf – Schwingbogen – Schönsteinhöhle – Langes Tal – Muggendorf

▶**Tourencharakter:** Bequeme Rundwanderung auf Wald- und Wiesenwegen, im Bereich des Langen Tales schöne Aussichten in das Wiesenttal.
▶**Beste Jahreszeit:** Frühjahr.
▶**Ausgangs-/Endpunkt:** Muggendorf, Markplatz.
▶**Wanderkarte:** Fritsch Wanderkarte Naturpark Fränkische Schweiz Veldensteiner Forst–Hersbrucker Alb, Blatt Süd, Maßstab 1:50 000.
▶**Markierung:** Blauer Ring.
▶**Verkehrsanbindung:** Autobahn A 9, Ausfahrt Pegnitz und auf B 470 bis Muggendorf. Autobahn A 73, Ausfahrt Forchheim Nord oder Süd durch Forchheim zur B 470 und über Ebermannstadt nach Muggendorf. Busverbindung mit Ebermannstadt, Gößweinstein und Pegnitz.
▶**Einkehr:** Muggendorf: Mehrere Gasthöfe und Hotelrestaurants. Neudorf: Wirtshaus Heumann, Neudorf Nr. 19, Mittwoch Ruhetag.
▶**Unterkunft:** Muggendorf: Hotel Feiler***, Tel. 09196/9 29 50, Fax 09196/3 62, E-Mail: info@hotel-feiler.de; Hotel Goldener Stern***, Tel. 09196/92 98–0, E-Mail: hotel@goldner-stern.de
▶**Tourist-Info:** Tourist-Information Muggendorf/Streitberg, Rathaus, 91346 Wiesenttal, Tel. 09196/1 94 33, Fax 09196/92 99 30, www.wiesenttal.de

leicht
km 8,6 km
2 3/4 Std.
↑↓ 180 m

Auf der beschaulichen Tour lassen sich die natürlichen Schönheiten der Landschaft um Muggendorf genießen. Besonders reizvoll ist das Felsgebilde »Schwingbogen«, eine bizarre Laune der Natur.

Der Wegverlauf

Wir starten am Marktplatz in **Muggendorf** beim Denkmal für die Romantiker der Fränkischen Schweiz und folgen dem Wegweiser »Rundwanderweg Langes Tal« (Markierung blauer Ring) den Schmiedsberg aufwärts. An der ersten Gabelung gehen wir weiter aufwärts, biegen bei der nächsten nach links und folgen dem Wegweiser nach Neudorf, Langes Tal. Auf einem Grasweg über dem Wiesenttal gelangen wir in den Wald am Hang und folgen dem nächsten Wegweiser nach Neudorf. An der folgenden Gabelung halten wir uns rechts und wandern zwischen Wald, Feld und Wiese auf **Neudorf** zu (1 Std.).

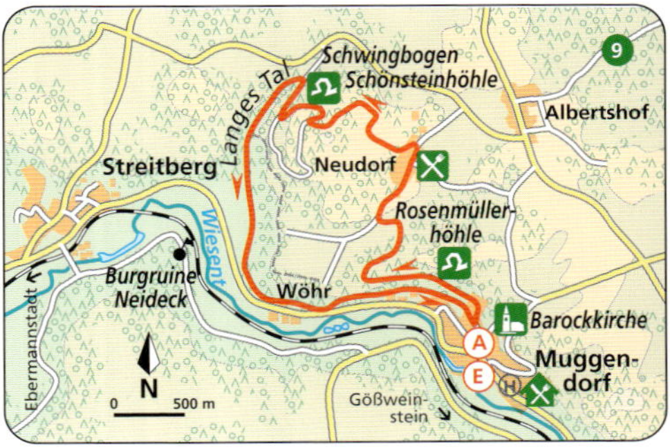

Am Ortsende biegen wir nach links und gehen auf einer Teerstraße aufwärts. An einem Sitzplatz am Waldrand vorbei gelangen wir in den Wald, halten uns links und erreichen eine Forststraße. Dort schwenken wir nach rechts, kommen zum Wegweiser beim Abzweig **»Schwingbogen«** und gehen einige Schritte aufwärts. Schon bald stehen wir vor dem beeindruckenden Gebilde aus Fels (1:15 Std.).

Auf schmalem Weg steigen wir über Felsbrocken durch den »Schwingbogen« und können geradezu steil aufragende Felsen sehen. Nicht zu übersehen ist der Eingang der **Schönsteinhöhle**, einer Spaltenhöhle mit besonders weit verzweigten Höhlengängen. Sie darf nur unter Führung (Tel. 09196/1 94 33) besucht werden.

Von der Höhle aus sehen wir die Forststraße, auf die wir zusteuern. Dort wenden wir uns nach links und folgen der Markierung blauer Punkt weiter zu einem überdachten Sitzplatz mit Lehrtafeln über die einheimischen Singvögel und Greifvögel. An einer Weggabelung vorbei beschreiben wir einen Rechtsbogen und kommen auf eine Forststraße. Dort schwenken wir nach links (Talweg Muggendorf) und wandern durch das **Lange Tal**. An einer Treppe steigen wir links abwärts, überqueren eine Brücke und sehen rechts die **Burgruine Neideck** auf der anderen Seite des Wiesenttales

Das Wiesenttal ist ein Eldorado für Wassersportler.

Tipp

Für Kinder ist ein Besuch bei Nutcracker Factory, Erzgebirgische Volkskunst in Muggendorf, Forchheimer Straße 10, sehr reizvoll. Neben Nussknackern, Pyramiden und Blumenkindern gibt es auch Puppen, Plüschtiere und verschiedenes Spielzeug zu bestaunen und zu kaufen (Tel. 09196/15 26).

aufragen. Wir folgen immer der Markierung blauer Ring, erreichen die Straße Zum Schachergraben und gelangen über den Rosenauweg am Café Wiesenttalblick vorbei zum Schmiedsberg und dem Ausgangspunkt in **Muggendorf** (2:45 Std.).

10 Von Waischenfeld zur Burg Rabeneck

Aus dem Wiesenttal auf die Höhe: Waischenfeld – Heroldsberg – Saugendorf – Rabenecker Mühle – Burg Rabeneck – Pulvermühle – Waischenfeld

mittel

11 km

3 1/4 Std.

↑↓ 60 m

▶**Tourencharakter:** Eine abwechslungsreiche Wanderung auf bequemen Wegen, steiler Aufstieg aus dem Wiesenttal zur Burg Rabeneck.
▶**Beste Jahreszeit:** Frühjahr bis Herbst.
▶**Ausgangs-/Endpunkt:** Waischenfeld, Rathaus.
▶**Wanderkarte:** Fritsch Wanderkarte Naturpark Fränkische Schweiz Veldensteiner Forst–Hersbrucker Alb, Blatt Süd, Maßstab 1:50 000.
▶**Markierung:** Grüner Ring, gelber Ring, roter Ring, grüner Ring.
▶**Verkehrsanbindung:** Autobahn A 70, Ausfahrt Stadelhofen, über Hollfeld nach Waischenfeld. Autobahn A 9, Ausfahrt Trockau nach Waischenfeld. Busverbindung mit Bayreuth und Forchheim. Bahn: bis Forchheim, dann Bus.
▶**Einkehr:** Heroldsberg: Gasthaus Schrüfer, Heroldsberg 11, Ruhetag Montag und Donnerstag. Saugendorf: Gastwirtschaft Stenglein, Ruhetag Dienstag, Sonntag und Feiertag nachmittags geschlossen.
▶**Unterkunft:** Waischenfeld: Hotel Zur Post***, Tel. 09202/7 50, Fax 09202/7 51 00, www.hotel-zur-post.waischenfeld.de
▶**Tourist-Info:** Städt. Tourist-Information Waischenfeld, Marktplatz 58, 91344 Waischenfeld, Tel. 09202/96 01 17, Fax 09202/96 01 29, www.waischenfeld.de

Die Höhen über dem Wiesenttal sind für Wanderer genauso reizvoll wie die Niederung der Talebene. Bei der Burg Rabeneck bietet sich die Möglichkeit, das schöne Wiesenttal aus der Vogelperspektive zu bestaunen.

Der Wegverlauf

Wir starten in **Waischenfeld** beim Rathaus und Fremdenverkehrsamt und gehen den Kaulberg aufwärts (Markierung grüner Ring), Wegweiser Burg, Heroldsberg. Bei der Burg wenden wir uns an einer Gabelung nach rechts,

Tipp

Abenteuerwanderung

Jeden ersten Mittwoch im Monat findet von April bis Oktober zwischen 14.00 Uhr und 17.00 Uhr eine Abenteuerwanderung für Kinder ab vier Jahre statt. Information Tel. 09202/2 38.

um zum »Steinernen Beutel« mit schöner Aussicht auf Waischenfeld zu gehen. Nach diesem Abstecher gehen wir zurück und folgen beim Friedhof und Parkplatz dem Wegweiser nach rechts. Zwischen Feldern wandernd, kommen wir nach **Heroldsberg** (45 Min.), wo das Gasthaus Schrüfer, Heroldsberg Nr. 11 mit Schinken und Wurst aus eigener Aufzucht und Herstellung zur Rast einlädt (außer Montag und Donnerstag). Auf der Durchfahrtsstraße wenden wir uns nach links, an der Gabelung nach rechts und folgen dem Wegweiser Saugendorf auf einer Teerstraße. An der folgenden Kreuzung halten wir uns links (Markierung gelber Ring) und erreichen den Ort (1:30 Std.).

Tipp

Waischenfeld ist eine der ältesten Siedlungen im Wiesenttal. Schon in der jüngeren Steinzeit waren die Höhlen der Umgebung bewohnt, und als Rest der mittelalterlichen Besiedlung erhebt sich der »Steinerne Beutel« als Wahrzeichen über der Stadt auf einer Albhochfläche. Stadtrecht erhielt der Ort 1316, und in den drei Kirchen gibt es bemerkenswerte Kunstschätze zu bestaunen.

In Saugendorf gehen wir nach links (Wegweiser Rabeneck, Markierung roter Ring) und folgen am Ortsausgang der Markierung roter Ring nach rechts. An der ersten Gabelung halten wir uns rechts und wählen an der folgenden Gabelung (ohne Markierung) den linken Weg. Er mündet bei der **Rabenecker Mühle** auf die Bundesstraße, die wir überqueren, um bei der Mühle über die **Wiesent** zu gelangen. Dort wenden wir uns nach rechts und folgen der Markierung grüner Ring zur Burg Rabeneck. Sie wurde im 13. Jh. von den Schlüsselbergern gegründet, ist heute noch in Privatbesitz und kann besichtigt werden. Von hier gelangen wir nach Schönhof, wenden uns im Ort nach links und wandern zwischen Feld und Wald in das **Wiesenttal** hinab, das wir bei der Pulvermühle (3 Std.) erreichen. Nun geht es auf einem schönen Talweg zurück nach **Waischenfeld** (3:15 Std.).

Variante: Eine schöne Abkürzung ist der Rückweg von der **Rabenecker Mühle** durch das **Wiesenttal** (2,5 km, Markierung roter Ring).

Die Rabenecker Mühle an der Wiesent bietet sich als Rastplatz für Kanufahrer an.

11 Zur Falknerei auf Burg Rabenstein

Hoch über dem Ailsbachtal: Waischenfeld – Wiesenttal – Wassertal – Burg Rabenstein – Sophienhöhle – Hannberg – Waischenfeld

leicht

11½ km

3 Std.

↑↓ 30 m

▶ **Tourencharakter:** Angenehme Wanderung auf breiten Wegen, vorwiegend zwischen Feld und Wiese, leichter Anstieg im Wassertal auf einem Wiesenpfad.
▶ **Beste Jahreszeit:** Frühjahr bis Herbst.
▶ **Ausgangs-/Endpunkt:** Waischenfeld, Vorstadt bei der Bushaltestelle Plärrer.
▶ **Wanderkarte:** Fritsch Wanderkarte Naturpark Fränkische Schweiz Veldensteiner Forst–Hersbrucker Alb, Blatt Süd, Maßstab 1:50 000.
▶ **Markierung:** Gelbes Kreuz, blauer Querstrich, rot-weiß diagonal geteiltes Rechteck.
▶ **Verkehrsanbindung:** Autobahn A 70, Ausfahrt Stadelhofen, über Hollfeld nach Waischenfeld. Autobahn A 9, Ausfahrt Trockau nach Waischenfeld. Busverbindung mit Bayreuth und Forchheim. Bahn: bis Forchheim, dann Bus.
▶ **Einkehr:** Waischenfeld: Gasthof-Pension-Pulvermühle. Burg Rabenstein: Landgasthof Gutsschenke.
▶ **Unterkunft:** Waischenfeld: Hotel Zur Post***, Tel. 09202/7 50, Fax 09202/7 51 00, www.hotel-zur-post.waischenfeld.de
▶ **Tourist-Info:** Städt. Tourist-Information Waischenfeld, Marktplatz 58, 91344 Waischenfeld, Tel. 09202/96 01 17, Fax 09202/96 01 29, www.waischenfeld.de

Auf einem 60 Meter hohen Felsen thront die Burg Rabenstein über dem Ailsbachtal. Sie gehört zu den schönsten Burgen im Frankenland und kann besichtigt werden. Für Kinder ist die Falknerei bei der Burg ein besonderer Anziehungspunkt.

Kanufahrer im Wiesenttal

Der Wegverlauf

Wir starten in **Waischenfeld** in der Vorstadt bei der Bushaltestelle Plärrer mit Wanderwegtafel und folgen dem Wegweiser in Richtung Pulvermühle (Markierung gelbes Kreuz) auf einer Teerstraße in das Wiesenttal. Bei der **Pulvermühle** (20 Min.) folgen wir dem Wegweiser Burg Rabenstein, Sophienhöhle auf einem Waldweg. An der nächsten Gabelung gehen wir geradeaus weiter und steigen durch das **Wassertal** mit saftigen Wiesen, bunten Blumen und vielen Schmetterlingen allmählich auf. Wir überqueren auf der Höhe eine Asphaltstraße, gehen durch ein kleines Waldstück und folgen beim

Wegweiser Burg Rabenstein, Sophienhöhle wieder einem Wiesenweg, überqueren eine Teerstraße und gehen auf dem Wiesenweg weiter, bis wir auf eine Asphaltstraße stoßen. Dort wenden wir uns nach rechts und kommen mit der Markierung blauer Querstrich durch weite Wiesenflächen zum Parkplatz bei der **Burg Rabenstein**. Von dort sind es 15 Min. bis zur **Sophienhöhle** und nur fünf Minuten bis zur Burg (1:15 Std.). Einkehr bietet die Burgschenke ,und auch die **Falknerei** neben der Schenke ist ein lohnendes Ziel.

Nach der Besichtigung der Burg geht es zum Parkplatz zurück und nach rechts in Richtung Hannberg, Waischenfeld (Wegweiser), zunächst auf einer Asphaltstraße bis zu einer Kreuzung, wo sich ein wunderschöner Bildstock befindet. Dort überqueren wir die Straße und folgen immer der Markierung rot-weiß diagonal geteiltes Rechteck, zunächst auf breitem Feldweg, dann am Feldrand entlang und dann wieder auf einem Feldweg, bis wir bei einem weiteren Bildstock (von 1816) den Ortseingang von **Hannberg** (2:15 Std.) erreichen.

Flugvorführungen auf der Burg Rabenstein

Wir schwenken nach links (Markierung gelber Ring und gelber Punkt) und gelangen auf breitem Waldweg nach **Waischenfeld**, wo wir nach links schwenkend den Ausgangspunkt erreichen (3 Std.).

12 Durch die Bärenschlucht

Im prähistorischen Felsental:
Pottenstein – Bärenschlucht – Pottenstein

leicht

6 km

1 3/4 Std.

↑↓45 m

▶**Tourencharakter:** Schöner Spaziergang auf bequemen Wegen, durch die Bärenschlucht leichter Anstieg, von der Höhe in Pottenstein herrliche Aussicht über den Ort.
▶**Beste Jahreszeit:** Frühjahr bis Herbst.
▶**Ausgangs-/Endpunkt:** Pottenstein, Städt. Verkehrsbüro/Kurverwaltung.
▶**Wanderkarte:** Fritsch Wanderkarte Naturpark Fränkische Schweiz Veldensteiner Forst – Hersbrucker Alb, Blatt Süd, Maßstab 1:50 000.
▶**Markierung:** Roter Ring.
▶**Verkehrsanbindung:** Autobahn A 9, Ausfahrt Pegnitz-Grafenwöhr, auf B 2/B 470 nach Pottenstein. Busverbindung mit Bayreuth und Ebermannstadt.
▶**Einkehr:** Pottenstein: Hotel-Restaurant Forellenhof, Am Kurzentrum 3. Gasthof-Café-Restaurant Reiterklause, Fischergasse 7.
▶**Unterkunft:** Pottenstein: Hotel Schwan***, Tel. 09243/98 10, Fax 09243/73 51. Gasthof Goldene Krone, Tel. 09243/9 24 30, Fax 09243/92 43 10, E-Mail: goldene-krone@t-online.de
▶**Tourist-Info:** Städtisches Verkehrsbüro/Kurverwaltung, Forchheimer Str. 1, 91276 Pottenstein, Tel. 09243/7 08 41, Fax 09243/7 08 40, www.pottenstein.de

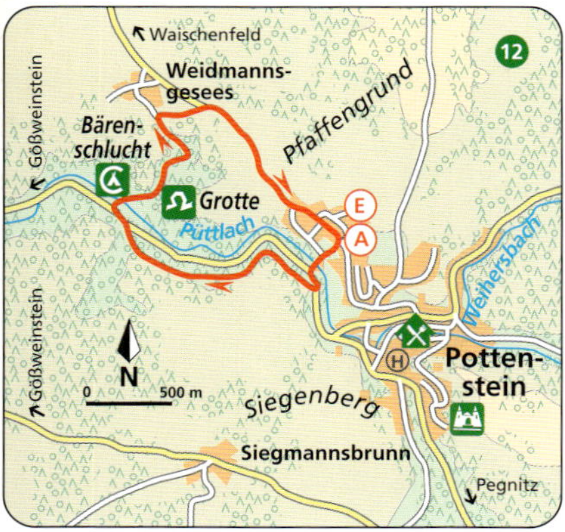

Von malerischer Felslandschaft umgeben, beeindruckt Pottenstein wegen seiner reizvollen Lage im Püttlachtal und ist auch günstiger Ausgangspunkt für schöne Wanderungen. Dazu gehört auch ein Spaziergang durch die Bärenschlucht mit ihren imposanten Felsen.

Der Wegverlauf

Pottenstein gehört zu den eindrucksvollsten Orten in der Fränkischen Schweiz. Schon im Mittelalter ein wohlhabendes Dorf, zeugen noch viele schöne Fachwerkbauten von der einstigen Pracht. Besonderer Blickpunkt ist die über 1000-jährige Burg, zu der 365 Treppen führen.

Wir starten unsere Wanderung im Tal beim Fremdenverkehrsamt, gehen durch die Forchheimer Straße zur B 470 und sehen auf der gegenüberliegenden Straßenseite einen Wegweiser Bärenschlucht, Weidmanngesees, Pottenstein (Markierung roter Ring). Zunächst folgen wir der B 470 in Richtung Tüchersfeld, Forchheim und verlassen sie nach etwa 200 m auf einem links abzweigenden Waldweg. Wir steigen leicht aufwärts, bis bei einer Bank rechts ein Pfad mit mehreren Markierungen erscheint, zu denen auch unser roter Ring gehört. Wir wandern leicht abwärts, mal ansteigend parallel zur Straße und der Püttlach. Nach einigen Stufen sehen wir durch die Bäume auf der gegenüberliegenden Straßenseite einen Campingplatz. Wir überqueren die Straße und die **Püttlach**, gehen durch den **Campingplatz »Bärenschlucht«** und wandern dann auf leicht ansteigender Teerstraße durch die breite, aber dennoch eindrucksvolle **Bärenschlucht** allmählich aufwärts (45 Min.).

Durch die Bärenschlucht führt ein schöner Wanderweg.

Noch vor dem Dorf Weidmannsgesees folgen wir dem Wegweiser Pottenstein (Markierung roter Ring) nach rechts in den Wald, wandern auf einem schönen Weg zwischen Wiesen und Feldern nach **Pottenstein** (1:15 Std.). Beim Ortseingangsschild mündet unser Weg auf eine Asphaltstraße, wo wir uns nach rechts wenden und die Jugendherbergsstraße entlanggehen. Dort, wo wir auf der linken Straßenseite den Hinweis zum Terrassencafé Schrottenberg sehen, können wir nach rechts in einen Wiesenweg einbiegen und von Sitzplätzen den großartigen Blick auf Pottenstein genießen. Die ganze Schönheit der Lage Pottensteins wird deutlich, und hoch über dem Tal thront die ehrwürdige Burg. Nach diesem Genuss kehren wir zur Asphaltstraße zurück und gehen weiter abwärts, um über die Straße am Stadtgraben zum Ausgangspunkt bei der Kurverwaltung zu gelangen (1:45 Std.).

Für **Kinderwagen** geeignet ist von Pottenstein der Weg zur Teufelshöhle, der an der Sommerrodelbahn und am Schöngrundsee entlang führt (hin und zurück 4 km).

13 Von Pottenstein nach Tüchersfeld

Ins reizvolle Felsendorf:
Pottenstein – Tüchersfeld – Hühnerloh – Pottenstein

mittel
11 km
3 1/4 Std.
↑↓ 90 m

▶ **Tourencharakter:** Vorwiegend auf gut begehbaren Wald- und Feldwegen, im Püttlachtal schöne Durchblicke und imposante Felsgebilde, auf dem Rückweg vor allem weite Feldlandschaft.
▶ **Beste Jahreszeit:** Frühjahr bis Herbst.
▶ **Ausgangs-/Endpunkt:** Pottenstein, Städt. Verkehrsamt/Kurverwaltung.
▶ **Wanderkarte:** Fritsch Wanderkarte Naturpark Fränkische Schweiz Veldensteiner Forst–Hersbrucker Alb, Blatt Süd, Maßstab 1:50 000.
▶ **Markierung:** Rotes Kreuz, blauer Ring, blauer Senkrechtstrich.
▶ **Verkehrsanbindung:** Autobahn A 9, Ausfahrt Pegnitz-Grafenwöhr, auf B 2/ B 470 nach Pottenstein. Busverbindung mit Bayreuth und Ebermannstadt.
▶ **Einkehr:** Hühnerloh: Gasthof-Pension Café Bayer.
▶ **Unterkunft:** Pottenstein: Hotel-Restaurant Forellenhof, Tel. 09243/9 24 20, Fax 09243/92 42 80, E-Mail: forellenhof@t-online.de; Hotel Schwan***, Tel. 09243/98 10, Fax 09243/73 51. Gasthof Goldene Krone, Tel. 09243/ 9 24 30, Fax 09243/92 43 10, E-Mail: goldene-krone@t-online.de
▶ **Tourist-Info:** Städtisches Verkehrsbüro/Kurverwaltung, Forchheimer Str. 1 91276 Pottenstein, Tel. 09243/7 08 41, Fax 09243/7 08 40, www.pottenstein.de

Diese Wanderung führt durch das reizvolle Püttlachtal nach Tüchersfeld, einem zauberhaften Dörfchen. Die Häuser schmiegen sich dicht an bizarre Felstürme, die den kleinen Ort mit seiner wildromantischen Lage überragen.

Tipp

Die Pottensteiner Erlebnismeile
Über die Erlebnismeile für Kinder mit Schöngrundsee (Bootsbetrieb), Sommerrodelbahn, Bungee-Trampolins, Felsenbad, Känguruhgehege und mehr gibt es einen Sonderprospekt beim Verkehrsbüro oder im Internet unter www.pottenstein.de

Der Wegverlauf

Wir starten beim Städtischen Verkehrsamt in **Pottenstein** und gehen die Forchheimer Straße bis zur B 470, wo wir uns nach rechts wenden und der Straße etwa 200 m folgen. Dort überqueren wir die Straße und gehen in den links abzweigenden Waldweg (Leo-Jobst-Weg, Markierung rotes Kreuz). Wir steigen leicht aufwärts, bis bei einer Bank rechts ein Pfad mit mehreren auffälligen Markierungen erscheint, zu denen auch unsere Markierung gehört. Hier wenden wir uns nach rechts, wandern mal leicht ansteigend, dann wieder abwärts, parallel zur Straße und der Püttlach. Wir steigen einige Stufen abwärts und sehen bald durch die Bäume auf der gegenüberliegenden Seite den **Campingplatz »Bärenschlucht«** liegen (45 Min.). Unser Weg führt an Felswänden vorbei, die auch bei Kletterern beliebt sind, nähert sich immer mehr der Püttlach und bietet schöne Aussichten in das Tal. Die erste Rast können wir auf der Terrasse der Gaststätte beim Campingplatz Fränkische Schweiz einlegen, der direkt am Wanderweg liegt und mit einem schönen Kinderspielplatz aufwartet (1:45 Std.). Wir gehen auf dem Leo-Jobst-Weg weiter und kommen auf einem schmalen Waldweg nach **Tüchersfeld**, einem imposanten Felsendorf (2 Std.).

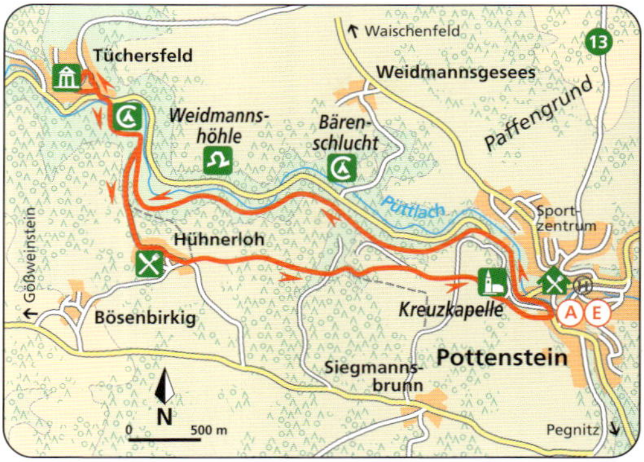

Schon Mitte des 13. Jh. gab es hier zwei Burgen – Burg Ober- und Untertüchertsfeld –, die aber zerstört wurden. Aus den Ruinen der Burg Untertüchersfeld entstand Anfang des 18. Jh. der markante Fachwerkbau – Judenhof genannt –, in dem das Fränkische-Schweiz-Museum untergebracht ist. Von **Tüchersfeld** folgen wir der Markierung blauer Ring nach Hühnerloh, wo sich im Gasthof Bayer eine Rast lohnt (2:30 Std.). Über eine Asphaltstraße kommen wir zu einer Dreiergabelung, wo wir den mittleren Weg wählen und danach eine Wegekreuzung überqueren. Nun wandern wir im Wald weiter, dürfen den folgenden Abzweig nach links nicht verpassen und folgen der Markierung blauer Querstrich bis zur **Kreuzkapelle** oberhalb von **Pottenstein**. Dort wenden wir uns nach rechts und steigen in das Tal mit schöner Aussicht auf den Ort abwärts. Über die Forchheimer Straße erreichen wir den Ausgangspunkt (3:15Std.).

Das Felsen-Freibad in Pottenstein

14 Bei den Mühlen im Wiesenttal

Abstecher zum Keltenwall: Gößweinstein – Leutzdorf – Burggaillenreuth-Sachsenmühle – Stempfermühle – Gößweinstein

leicht
12 km
3 1/4 Std.
↑↓ 139 m

▶ **Tourencharakter:** Bequeme Wald- und Wiesenwanderung auf gut begehbaren Wegen, bei Nässe streckenweise rutschig, steiler Aufstieg von der Stempfermühle nach Gößweinstein.
▶ **Beste Jahreszeit:** Frühjahr bis Herbst.
▶ **Ausgangs-/Endpunkt:** Gößweinstein, Basilika.
▶ **Wanderkarte:** Fritsch Wanderkarte Naturpark Fränkische Schweiz Veldensteiner Forst–Hersbrucker Alb, Blatt Süd, Maßstab 1:50 000.
▶ **Markierung:** Blauer Senkrechtstrich, rotes Kreuz, blauer Punkt.
▶ **Verkehrsanbindung:** Autobahn A 9, Ausfahrt Pegnitz-Grafenwöhr, auf B 2/B 470 Richtung Forchheim nach Gößweinstein. Busverbindung mit Bayreuth und Ebermannstadt.
▶ **Einkehr:** Gößweinstein: Zahlreiche Gasthöfe, Restaurants und Cafés. Burggaillenreuth: Gasthof Wolf, Burggaillenreuth Nr. 21. Leutzdorf: Gasthaus Joseph Richter, Leutzdorf 1, Dienstag Ruhetag. Im Wiesenttal: Gasthof Stempfermühle.
▶ **Unterkunft:** Gößweinstein: Hotel-Gasthof Stern, Tel. 09242/9 87 65, Fax 09242/9 87 77, E-Mail: sternteam@aol.com; Gasthof-Pension Zur Post, Tel. 09242/2 78, Fax 09242/5 78, E-Mail: info@zur-post-goessweinstein.de
▶ **Tourist-Info:** Touristinformation Gößweinstein, Burgstraße 6, 91327 Gößweinstein, Tel. 09242/4 56 und 8 40, Fax 09242/18 63, www.goessweinstein.de

Gößweinstein ist mit seiner weithin sichtbaren Basilika als Wallfahrtsort berühmt und zieht jedes Jahr neben Urlaubern auch Pilger an. Für Kinder ist das Spielzeugmuseum eine Attraktion, ebenso ein Ausflug in das reizende Wiesenttal.

Die Stempfermühle ist ein beliebtes Ausflugsziel an der Wiesent.

Der Wegverlauf

Von der Basilika in **Gößweinstein** gehen wir die Pezoldstraße am Gasthof Stern vorbei bis zum Ortsausgang und schwenken dort, dem Wegweiser Leutzdorf, Burggaillenreuth sowie der Markierung blauer Senkrechtstrich folgend, nach links. Zwischen Wiesen und Waldstücken wechselt unser Wanderweg, bis wir zu einem Abzweig nach rechts kommen, den wir nicht verpassen dürfen (Markierung links und rechts). Wir stoßen auf eine Asphaltstraße, sehen rechts die Häuser von **Leutzdorf** und wandern in den Ort (45 Min.). Bei einer kleinen Kapelle schwenken wir nach rechts und verlassen den Ort auf einem breiten Wiesenweg. An der nächsten

Gabelung wählen wir den linken Weg und wandern durch Wald zur **Esperhöhle** (1:15 Std.). Dort folgen wir der Markierung blauer Senkrechtstrich weiter und gelangen an einer Schonung vorbei auf eine Forststraße. Hier biegen wir nach rechts und halten uns an der folgenden Gabelung mit Wieseninsel abermals rechts. Kurz danach zweigt ein Weg zum Keltenwall ab, wo sich vor 2600 Jahren ein keltischer Herrensitz befand. Sehr gut erkennbar sind noch die Reste der einstigen Wallanlagen. Von dort kehren wir auf unseren Wanderweg zurück und kommen beim Gebäude der Freiwilligen Feuerwehr nach **Burggaillenreuth** (1:45 Std.).

Wir gehen nach rechts und laufen auf dieser Straße bis zur Burg. Rechts am Baum finden wir einen Wegweiser Talweg Behringersmühle (Markierung rotes Kreuz) und folgen nun dem Weg abwärts in das **Wiesenttal**. Kurz vor den Gleisen der alten Bahnlinie scharf nach rechts schwenkend, wandern wir nun auf einem breiten Weg im Wiesenttal mit imposanten Felsgebilden bis zur **Sachsenmühle**. Dort überqueren wir die Gleise und folgen der Markierung rotes Kreuz weiter bis zur **Stempfermühle** (2:45 Std.), wo häufig Kajakfahrer zu beobachten sind. Hinter dem Gebäude der Stempfermühle führt ein steiler Weg aufwärts nach Gößweinstein (Markierung blauer Punkt, die allerdings kaum sichtbar ist). An einer gelben Bank wenden wir uns links und wandern an einem selten gewordenen, geschützten Bestand von Eiben vorbei zur **Martinswand**, einem Kletterfelsen. Nur noch ein kurzes Stück aufwärts und wir sind in **Gößweinstein**, das wir auf der Pezoldstraße erreichen. Wir gehen nach links und kommen zur Basilika (3:15 Std.).

15 Von Ebermannstadt zum Schlüsselstein

Schöner Aussichtspunkt: Ebermannstadt – Schlüsselstein – Wallerwarte – Wohlmutshüll – Ebermannstadt

leicht

10 km

3 Std.

↑↓206 m

▶**Tourencharakter:** Vom steileren Aufstieg zum Schlüsselstein abgesehen eine sehr bequeme und schöne Wanderung durch Wald und zwischen Feld.
▶**Beste Jahreszeit:** Frühjahr bis Herbst.
▶**Ausgangs-/Endpunkt:** Ebermannstadt, Wasserschöpfrad.
▶**Wanderkarte:** Fritsch Wanderkarte Naturpark Fränkische Schweiz Veldensteiner Forst–Hersbrucker Alb, Blatt Süd, Maßstab 1:50 000.
▶**Markierung:** Grüne Raute, blaue Raute.
▶**Verkehrsanbindung:** Autobahn A 9, Ausfahrt Pegnitz-Grafenwöhr, auf B 2/ B 470 über Pottenstein, Gößweinstein nach Ebermannstadt, Autobahn 73, Ausfahrt Forchheim Nord, auf B 470 über Forchheim nach Ebermannstadt. Bahnverbindung mit Forchheim.
▶**Einkehr:** Ebermannstadt: Bierstüberl Zur Ella, Marktplatz 24. Gasthof Schwanenbräu, Marktplatz 2. Hotel Resengörg, Hauptstraße 36. Café Altmayer, Am Breitenbach.
▶**Unterkunft:** Ebermannstadt: Hotel Resengörg, Tel. 09194/39 30, Fax 09194/73 93 73, E-Mail: info@resengoerg.de; Hotel Schwanenbräu, Tel. 09194/2 09 und 7 67 19–0, Fax 09194/58 36, E-Mail: dotterweich@schwanenbraeu.de; Brauerei-Gasthof Hotel Sonne, Tel. 09194/76 74 80, Fax 09194/67 48 80.
▶**Tourist-Info:** Städtisches Verkehrsamt Bürgerhaus, Bahnhofstraße 5, 91320 Ebermannstadt, Tel. 09194/5 06 40, Fax 09194/5 06 41, www.ebermannstadt.de

Zwei schöne Aussichtspunkte verlocken zu einer Wanderung auf die Höhe, wo Ebermannstadt zu Füßen liegt. Auch das herrliche Wiesenttal und das Leinleitertal, Burgen und weitere markante Orte lassen sich von der Höhe gut erkennen.

Der Wegverlauf

Wir beginnen diese Wanderung beim **Wasserschöpfrad** von 1603 unweit des Marktplatzes (wenige Meter vom großen Parkplatz Nr. 2), wenden uns nach links, überqueren die Wiesent und dann die Bahngleise. Aufwärts geht es durch das Scheunenviertel und mit Markierung grüne Raute durch den Stadtpark zur **Erlachkapelle**.

Hier gehen wir nach rechts und kommen auf der Straße Obere Bayrische Gasse durch ein schön gelegenes Wohngebiet mit Gärten und schwenken bald nach links in die Straße Zum Schlüsselstein. Nun geht es aufwärts, wir überqueren eine Forststraße, wandern durch einen Wald, in dem der Boden im Mai mit blühendem Bärlauch bedeckt ist, und steigen auf einem Pfad zu einer weiteren Forststraße steil auf. Dort wenden wir uns nach

links, biegen nach wenigen Metern nach rechts in den Wald und kommen auf einem aufsteigenden Pfad zu einem Querweg. Hier gehen wir nach links (Markierung blauer Strich) und kommen durch jungen Buchenwald zu einer Wegkreuzung. Von dort sind es 100 m zum **Schlüsselstein** (499 m) mit herrlicher Aussicht auf **Ebermannstadt** (1 Std.).

Das Wasserschöpfrad in Ebermannstadt ist ein Anziehungspunkt für Groß und Klein.

Von diesem Aussichtspunkt gehen wir zurück zur Wegkreuzung und wandern geradeaus weiter zur Wallerwarte. Unser Wanderweg mündet auf den Ernst-Schlosser-Weg. Hier gehen wir nach links und bei einer kleinen Kapelle nach rechts, um nach 200 m zur **Wallerwarte** (496 m), einem aus Natursteinen gemauertem Aussichtsturm, zu kommen. Die Sicht in das **Wiesenttal** ist großartig, reicht auch weit in das **Leinleitertal** mit Streitberg bis zur **Burg Greifenstein**.

Variante: Von der Wallerwarte zurück zur kleinen Kapelle kann der Markierung blauer Punkt nach Ebermannstadt (2,5 km) gefolgt werden.

Tipp

Ernst Schlosser (1913–1999) – Hauptwanderwart im Fränkische-Schweiz-Verein – betreute viele Wanderwege. Ihm ist auch die Neugestaltung des Naturlehrpfades am Schottenberg zu verdanken, seine letzte große Herausforderung.

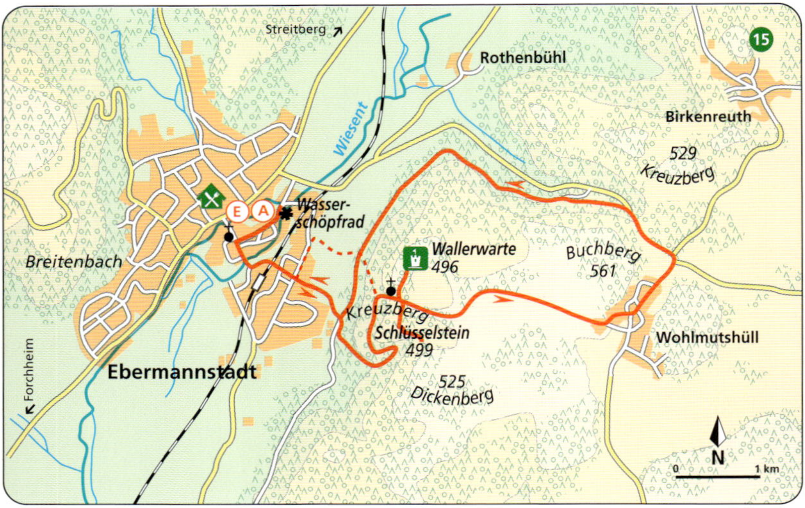

Wir wandern von der kleinen Kapelle nun auf dem **Ernst-Schlosser-Weg** weiter (Markierung blaue Raute). Es folgt ein breiter Weg, der bald durch Felder nach **Wohlmutshüll** führt (1:45 Std.). Im Ort schwenken wir nach links, kommen zur Bundesstraße und wenden uns abermals nach links, um nach 200 m links/rechts in den Wald zu biegen (Wegweiser Ebermannstadt, Markierung blaue Raute). Nun wandern wir auf weichem Waldboden bis zu einem schmalen Fahrweg, halten uns hier links und verlassen den Fahrweg bei einem Wegweiser mit Bank nach rechts abwärts (Hinweis Wasserschöpfrad). Wir kommen zur **Erlachkapelle** (2:45 Std.) und gehen auf bekanntem Weg zum **Wasserschöpfrad** (3 Std.).

Schön ist die Aussicht vom Schlüsselstein auf Ebermannstadt.

Auf dem Naturlehrpfad »Langer Berg«

16

Naturkundlicher Exkurs:
Ebermannstadt – Steinbruch – Druidenstein – Ebermannstadt

leicht

6 1/2 km

2 1/2 Std.

↑↓200 m

▶**Tourencharakter:** Vom Aufstieg abgesehen ist dies eine sehr bequeme Wanderung auf gut begehbaren Wegen. Nur der Abstieg kann bei Nässe etwas rutschig sein.
▶**Beste Jahreszeit:** Frühjahr bis Herbst.
▶**Ausgangs-/Endpunkt:** Ebermannstadt, Wasserschöpfrad.
▶**Wanderkarte:** Fritsch Wanderkarte Naturpark Fränkische Schweiz Veldensteiner Forst–Hersbrucker Alb, Blatt Süd, Maßstab 1:50 000.
▶**Markierung:** Grüner Ring.
▶**Verkehrsanbindung:** Autobahn A 9, Ausfahrt Pegnitz-Grafenwöhr, auf B 2/B 470 über Pottenstein, Gößweinstein nach Ebermannstadt, Autobahn 73, Ausfahrt Forchheim Nord, auf B 470 über Forchheim nach Ebermannstadt. Bahnverbindung mit Forchheim.
▶**Einkehr:** Ebermannstadt: Bierstüberl Zur Ella, Marktplatz 24. Gasthof Schwanenbräu, Marktplatz 2. Hotel Resengörg, Hauptstraße 36. Café Altmayer, Am Breitenbach.
▶**Unterkunft:** Ebermannstadt: Hotel Resengörg, Tel. 09194/7 39 30, Fax 09194/73 93 73, E-Mail: info@resengoerg.de; Hotel Schwanenbräu, Tel. 09194/2 09 und 7 67 19–0, Fax 09194/58 36, E-Mail: dotterweich@schwanenbraeu.de; Brauerei-Gasthof Hotel Sonne, Tel. 09194/76 74 80, Fax 09194/67 48 80.
▶**Tourist-Info:** Städtisches Verkehrsamt Bürgerhaus, Bahnhofstraße 5, 91320 Ebermannstadt, Tel. 09194/5 06 40, Fax 09194/5 06 41, www.ebermannstadt.de

Die Wanderung informiert über die Entstehung der Fränkischen Schweiz, den geologischen Aufbau, sowie die Tier- und Pflanzenwelt. Außerdem bietet sich ein schöner Ausblick vom Druidenstein in das Wiesenttal mit Ebermannstadt.

Tipp Auf Burg Feuerstein finden Reitkurse für Kinder und Jugendliche statt. Information und Anmeldung: Reitschule Burg Feuerstein, Tel. 09194/76 74–0 und www.burg-feuerstein.de

Der Wegverlauf

Wir starten am **Wasserschöpfrad** von 1603 unweit des Marktplatzes (wenige Meter vom großen Parkplatz Nr. 2) und folgen dem Wegweiser Naturlehrpfad Ebermannstadt (Markierung grüner Ring) nach rechts. Am Breitenbach entlang, der sein Wasser von mehreren Quellen im Eschlipptal erhält, gelangen wir zur B 470, die wir überqueren. Wir gehen zur Friedhofsstraße, schwenken hier nach links und wenden uns bei der Breitenbacher Straße nach rechts. Nun geht es allmählich aufwärts, beim Hinweis zum Bierkeller Nitsche verlassen wir die Straße und steigen recht steil zum Schottenberg auf. Dort finden wir einen Wegweiser und den eigentlichen Beginn des **Naturlehrpfades** als Rundweg.

Wir wenden uns nach rechts, gehen auf einem mäßig ansteigenden Schotterweg aufwärts, vorbei am Abzweig zum Kreuz, einem Aussichtspunkt und kommen zum **Steinbruch**. Sehr gut lassen sich vom Weg aus an der steilen Kalksteinwand die Schichten erkennen, die im Jura-Meer nach und nach »gewachsen« sind. Weiter geht es zum **Druidenstein** (1 Std.), einer exponiert stehenden Felsnase, wo zahlreiche Sonne und Trockenheit liebende Pflanzen wie Mauerpfeffer, Immergrünes Felsenblümchen, Färberkamille gedeihen.

Blick auf den Steinbruch vom Naturlehrpfad aus

Weiter aufwärts kommen wir zu einem Sitzplatz und biegen dort nach links. Nun wandern wir durch Wald – immer der Markierung grüner Ring folgend – an zahlreichen Lehrtafeln vorbei. Vorgestellt werden zahlreiche Pflanzenarten aus verschiedenen Lebensräumen, zu denen neben Gehölzen auch Kräuterarten der Kalkbuchenwälder, Pilze, aber auch Schmetterlinge, Vögel und andere Tiere gehören. Der Abstieg erfolgt anfangs allmählich, wird steiler, und nach einem **Hohlweg** schließt sich der Kreis des Lehrpfades. Nun gehen wir der Markierung grüner Ring folgend zurück zum **Wasserschöpfrad** (2:30 Std.).

Rund um das »Walberla«

17

Genüssliche Rast in Schlaifhausen: Kirchehrenberg – Walpurgiskapelle – Rodenstein – Schlaifhausen – Kirchehrenberg

leicht
7 km
2 ½ Std.
↑↓250 m

▶**Tourencharakter:** Sehr schöne Wanderung auf bequemen Wegen, teilweise zwischen Kirschgärten, vom »Walberla« großartige Ausblicke über Täler und Höhenzüge.
▶**Beste Jahreszeit:** Frühjahr bis Herbst.
▶**Ausgangs-/Endpunkt:** Kirchehrenbach, Kirche.
▶**Wanderkarte:** Fritsch Wanderkarte Naturpark Fränkische Schweiz Veldensteiner Forst–Hersbrucker Alb, Blatt Süd, Maßstab 1:50 000.
▶**Markierung:** Roter Querstrich, stilisiertes Walberla.
▶**Verkehrsanbindung:** Autobahn A 73, Ausfahrt Forchheim Nord oder Süd, auf B 470, bei Unterweilersbach Abzweig nach Kirchehrenbach. Bahnverbindung mit Forchheim.
▶**Einkehr:** Kirchehrenbach: Gasthaus Zur Sonne, Hauptstraße 25, Mittwoch Ruhetag. Gasthaus-Café Zum Walberla, Straße zur Ehrenbürg 21, Donnerstag Ruhetag. Gasthof Zum Schwarzen Adler, Hauptstraße 45, Dienstag Ruhetag. Schlaifhausen: Gasthaus Kroder, Schlaifhausen 43.
▶**Unterkunft:** Kirchehrenbach: Landgasthof Zur Sonne, Tel./Fax 09191/92 65. Gasthaus Sponsel, Tel. 09191/9 44 48, Fax 09191/61 67 68, E-Mail: info@gasthaus-sponsel.de Schlaifhausen: Gasthof Zur Ehrenbürg, Tel. 09199/4 19, Fax 09199/69 71 90. E-Mail: info@ehrenbuerg.com
▶**Tourist-Info:** Tourismusverein Rund ums Walberla-Ehrenbürg e.V., Heugasse 13, 91356 Kirchehrenbach, Tel. 09191/97 89 31, www.walberla.de

Die Ehrenbürg, im Volksmund nur Walberla genannt, zieht jedes Jahr Tausende von Besuchern an. Sie strömen auf das kahle Hochplateau, um die herrlichen Aussichten in das untere Wiesenttal und das Regnitztal zu genießen oder um am 1. Sonntag im Mai das Walberla-Fest zu feiern.

Tipp: Im kleinen Dorf Wiesenthau liegt hinter hohen Mauern an der Hauptstraße ein Kleinod – das Schloss. Die Dreiflügelanlage mit fünf Rundtürmen, nach der Zerstörung 1430 durch die Schweden im 16. Jh. wieder aufgebaut, gehörte zu den wichtigsten Renaissanceschlössern des Bamberger Hochstifts. Heute verbirgt sich hinter den Mauern ein Hotel mit Restaurant, der Schlosshof ist im Sommer ein Bier- und Kaffeegarten mit besonderem Flair.

Der Wegverlauf

Wir gehen von der Kirche in **Kirchehrenbach** die Asphaltstraße zum Wanderparkplatz bei der Speisegaststätte »Zum Walberla« aufwärts (Markierung roter Querstrich), wenden uns kurz nach dem Rastplatz bei einer Quelle nach links und wandern auf einem steinigen Pfad (Markierung stilisiertes Walberla) weiter.

Wir kommen bei einer Wanderwegstafel zu einer Asphaltstraße, wenden uns hier nach links und gelangen zu einem hölzernen Kreuz (30 Min.), von dem sich eine herrliche Aussicht auf Kirchehrenbach bietet.

Durch niederen Buchenwald aufwärts kommen wir zur **Walpurgiskapelle** (45 Min.), die auf einer Hochebene steht und im 17. Jh. als Wallfahrtskapelle errichtet wurde. Weit reicht der Blick von der Westseite des Plateaus in das untere Wiesenttal und das Regnitztal mit Forcheim.

Wir überqueren die Hochfläche, wandern in einen Sattel hinab und steigen dann auf den **Rodenstein** (530 m) mit dem hölzernen Kreuz (1 Std.). Von dieser höchsten Erhebung des **»Walberla«** geht es nun abwärts (Markierung roter Querstrich), auf einem schönen Panoramaweg kommen wir zu einem Wanderparkplatz im Tal (1:45 Std). Dort halten wir uns rechts und erreichen dann in wenigen Minuten das Dorf **Schlaifhausen**.

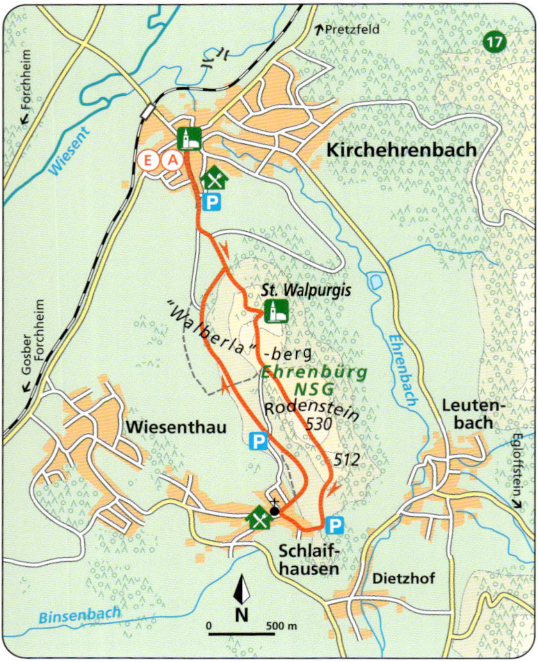

Wir gehen durch den Ort bis zur Kirche, schwenken hier nach rechts (Wegweiser Walberla, Rodenstein) und halten uns bei der nächsten Wiese (Camping möglich) rechts. Auf einer leicht ansteigenden Teerstraße wandern wir bis zu einem Wanderparkplatz, den wir geradewegs überqueren. Nun folgen wir der Markierung stilisiertes Walberla am Fuße der Felsen zwischen Wiesen mit Obstbäumen bis zur Wandertafel und kommen (weiter Markierung stilisiertes Walberla) zu einer Gabelung mit einer Bank. Dort biegen wir nach links, steuern auf die Asphaltstraße bei der Quelle und dem Parkplatz zu und gehen auf bekannter Straße zum Ausgangspunkt (2:30 Std.) zurück.

Zum Wildpark Hundshaupten

18

Auf Tuchfühlung mit heimischer Tierwelt: Unterzaunsbach – Wildpark Hundshaupten – Hundshaupten – Oberzaunsbach – Unterzaunsbach

leicht · 9 km · 2 ¾ Std. · ↑↓100 m

- **Tourencharakter:** Bequeme Wanderung auf breiten Wegen, vorwiegend im Wald, teilweise zwischen Obstgärten. Streckenweise auf Asphaltstraße mit wenig Verkehr.
- **Beste Jahreszeit:** Frühjahr bis Herbst.
- **Ausgangs-/Endpunkt:** Unterzaunsdorf, Brauerei-Gasthof Meister.
- **Wanderkarte:** Fritsch Wanderkarte Naturpark Fränkische Schweiz Veldensteiner Forst–Hersbrucker Alb, Blatt Süd, Maßstab 1:50 000.
- **Markierung:** Grüner Ring, roter Punkt, rot-weiß diagonal geteiltes Rechteck, grüner Querstrich.
- **Verkehrsanbindung:** Autobahn A 70, Ausfahrt Forcheim Nord oder Süd, auf der B 470 bis Abzweig Pretzfeld, über Pretzfeld bis Unterzaunsbach. Busverbindung mit Egloffstein.
- **Einkehr:** Unterzaunsbach: Brauerei-Gasthof Meister.
- **Unterkunft:** Egloffstein: Gasthof-Hotel Zur Post**, Tel. 09197/5 55, Fax 09197/88 01, E-Mail: gasthofzurpost-egloffstein@gmx.de; Gasthof Schäfer, Tel. 09197/2 95, Fax 09197/12 00. Pension Mühle, Tel. 09197/15 44, Fax 09197/5 54.
- **Tourist-Info:** Tourist-Information Egloffstein, Felsenkellerstraße 20, 91349 Egloffstein, Tel. 09197/2 02 und 6 29 20, Fax 09197/62 54 91, www.trubachtal.com

Der Wildpark Hundshaupten ist die Hauptattraktion des gleichnamigen Dorfes und ein lohnendes Wanderziel. In Unterzaunsbach bietet der Brauerei-Gasthof Meister nach der Tour eine preiswerte Einkehr im kleinen Biergarten mit frischen Forellen und deftigen Hausmacherbrotzeiten.

Der Wegverlauf

Vom Wegweiser neben dem Parkplatz am Brauerei-Gasthof Meister in **Unterzaunsbach** folgen wir dem Hinweis Wildpark Hundshaupten (Markierung grüner Ring). Beim Café Hohlweg schwenken wir nach links und wandern aus dem Ort, auf einer Asphaltstraße zwischen Feldern genießen wir die schöne Landschaft im breiten **Trubachtal**. Nach etwa 15 Min. verlassen wir die Straße, schwenken nach rechts und wandern auf einem Schotterweg leicht bergan durch Wald. An der folgenden Gabelung (Wegweiser Wildpark) halten wir uns links und erreichen auf einem schönen Weg durch Buchenwald die Straße am Wildpark (45 Min.).

Hier lohnt sich ein längerer Aufenthalt, denn zahlreiche heimische Tiere lassen sich hautnah beobachten, und Zwergziegen verlocken zum Streicheln. Als Spaziergänge bieten sich ein kleiner

Rundweg (60 Min.), der Aufstieg zum Breitenstein (60 Min.) und der Weg zum Freigehege für Rot-, Dam- und Muffelwild (45 Min.) an.

Nach dem Aufenthalt folgen wir dieser Straße weiter aufwärts nach **Hundshaupten** und können im Ort nach rechts einen Abstecher zum Schloss unternehmen. Von dort zurückgekehrt, gehen wir weiter durch den Ort und wandern auf der Straße in Richtung Hundsboden. An Obstgärten vorbei erreichen wir einen

Im Wildpark Hundshaupten

Abzweig und folgen dort der Markierung roter Punkt sowie rot-weiß diagonal geteiltes Rechteck nach links. Wir gehen auf einem Wiesenweg, kommen zu einem Buchen-Fichten-Mischwald und wandern an einer Obstwiese vorbei auf Egloffsteinerhüll zu. Kurz vor dem Ort führt unser Wanderweg auf einem Wiesenweg weiter, der in den Wald mündet. Auf einem Querweg schwenken wir nach links und kommen an einer Wiese zu einer Gabelung. Dort biegen wir nach links und folgen der Markierung rot-weiß diagonal geteiltes Rechteck (die Markierung roter Punkt führt nach Egloffstein) auf einem Forstweg, bis wir scharf nach rechts abbiegen müssen (am Baum Markierung rot-weiß diagonal geteiltes Rechteck mit schwarzem Pfeil).

Wir gelangen auf einen breiten Waldweg, wenden uns dort nach links und halten uns am querenden Forstweg abermals links (zu unserer Markierung kommt ein grüner Schrägstrich). Am Wegweiser Hundshaupten vorbei verlassen wir nach ca. 150 m die Forststraße und folgen einem rechts abwärts führenden Pfad (Markierung nicht sichtbar). Unser Weg führt recht steil abwärts und mündet auf einen Weg mit der Markierung grüner Querstrich.

Wir folgen ihm nach links und halten uns an der folgenden Gabelung rechts. In **Oberzaunsbach** (2:15 Std.) überqueren wir eine kleine Brücke, schwenken nach rechts und wenden uns nach dem Brauerei-Gasthaus links, um auf der Asphaltstraße nach **Unterzaunsbach** zu gelangen (2:45 Std.).

19 Beiderseits des Trubachtales

Immer wieder schöne Aussichten:
Egloffstein – Wilhelmsfelsen – Felsentor – Balkenstein – Egloffstein

mittel

9 km

2 1/4 Std.

↑↓94 m

▶**Tourencharakter:** Wanderung vorwiegend auf schmalen Waldwegen, teilweise Aussichten in das Trubachtal, zum Balkenstein längerer Anstieg, dafür schöner Ausblick nach Egloffstein.
▶**Beste Jahreszeit:** Frühjahr bis Herbst.
▶**Ausgangs-/Endpunkt:** Egloffstein, Gasthof Zur Post.
▶**Wanderkarte:** Fritsch Wanderkarte Naturpark Fränkische Schweiz Veldensteiner Forst–Hersbrucker Alb, Blatt Süd, Maßstab 1:50 000.
▶**Markierung:** Blauer Ring, gelber Ring.
▶**Verkehrsanbindung:** Autobahn A 70, Ausfahrt Forcheim Nord oder Süd, auf der B 470 bis Abzweig Pretzfeld, über Pretzfeld bis Egloffstein. Busverbindung mit Ebermannstadt und Gräfenberg.
▶**Einkehr:** Egloffstein: Gasthof Zur Linde, Rabensteinstraße 25. Gasthof-Hotel Zur Post, Talstraße 8.
▶**Unterkunft:** Egloffstein: Gasthof-Hotel Zur Post**, Tel. 09197/5 55, Fax 09197/88 01, E-Mail: gasthofzurpost-egloffstein@gmx.de; Gasthof Schäfer, Tel. 09197/2 95, Fax 09197/12 00. Pension Mühle, Tel. 09197/15 44, Fax 09197/5 54.
▶**Tourist-Info:** Tourist-Information Egloffstein, Felsenkellerstraße 20, 91349 Egloffstein, Tel. 09197/2 02 und 6 29 20, Fax 09197/62 54 91, www.trubachtal.com

Egloffstein ist heute das Zentrum des Fremdenverkehrs im Trubachtal und ein lohnender Ausgangspunkt für zahlreiche Wanderungen. Dazu gehört vor allem der Aufstieg zum Balkenstein, von dem die reizvolle Lage Egloffsteins mit seiner romantischen Burg erkennbar ist.

Der Wegverlauf

Wir starten in **Egloffstein** beim Gasthof Zur Post, gehen das Heidegässchen hinauf zum Marktplatz und folgen dem Wegweiser Wilhelmfelsen, Felsentor (Markierung blauer Ring). Ein kurzes Stück auf der Burgbergstraße gehend, kommen wir zum Kirchenweg, der uns zum Schloss mit der Kirche führt. Beim Wegweiser biegen wir nach rechts in die Egilolfstraße und wenden uns beim nächsten Wegweiser Wilhelmfelsen, Felsentor scharf nach rechts und wandern auf einem schmalen Pfad am Gebüschrand entlang, dann im Wald und kommen zum **Wilhelmfelsen** (45 Min.) mit schöner Aussicht in das Trubachtal.

rechts: Hoch über dem Trubachtal thront die Burg Egloffstein

Von hier führt der Weg in fünf Minuten zum Felsentor mit seinem fast kreisrunden Durchblick. Über Stufen geht es weiter abwärts, der Pfad mündet auf einen breiten Waldweg, und wir wenden uns nach links. Schließlich führt unser Weg auf einen Schotterweg bei der Keilsruhe mit Bank, auf dem wir der Markierung blauer Ring nach rechts folgen. Bei den ersten Häusern von Egloffstein biegen wir scharf nach links (Wegweiser Fußweg Schwimmbad, Mostviel) und kommen abwärts zur Straße. Sie wird überquert, und wir folgen ein kleines Stück dem Trubachtal-Radweg an einem Wehr vorbei, überqueren eine Steinbrücke und folgen nun dem Wegweiser Balkenstein (Markierung gelber Ring).

Wir überqueren eine Wiese und folgen dem Weg in den Wald. An der folgenden Gabelung halten wir uns rechts und steigen nun allmählich aufwärts, teilweise in Serpentinen, bemooste Felsbrocken bedecken den Hang, und über einige Steinstufen mit Geländer sind wir am **Balkenstein** angelangt (1:45 Std.).

Vom Balkenstein kommen wir zu einem Feldweg, gehen rechts und folgen dem Weg in den Wald. An der folgenden Gabelung halten wir uns rechts (Abzweig nicht verpassen) und steigen auf Serpentinen an Pfarrwand und Pfarrfelsen vorbei abwärts. Beim Wegweiser Pfarrwald schwenken wir nach links und kommen in wenigen Minuten zum Ausgangspunkt (2:15 Std.).

20 Zum Schlossberg mit Altarstein

Oberhalb des schönen Trubachtales:
Egloffstein – Schlossberg – Todsfeldtal – Thuisbrunn – Egloffstein

mittel
10,5 km
3 Std.
↑↓213 m

▶**Tourencharakter:** Abwechslungsreiche Wanderung auf breiten Wald- und Feldwegen, teilweise zwischen Obstgärten, schöne Aussicht vom Schlossberg.
▶**Beste Jahreszeit:** Frühjahr bis Herbst.
▶**Ausgangs-/Endpunkt:** Egloffstein, Wanderparkplatz gegenüber vom Landhotel Egloffsteiner Hof.
▶**Wanderkarte:** Fritsch Wanderkarte Naturpark Fränkische Schweiz Veldensteiner Forst–Hersbrucker Alb, Blatt Süd, Maßstab 1:50 000.
▶**Markierung:** Grüner Ring.
▶**Verkehrsanbindung:** Autobahn A 70, Ausfahrt Forcheim Nord oder Süd, auf der B 470 bis Abzweig Pretzfeld, über Pretzfeld bis Egloffstein. Busverbindung mit Ebermannstadt und Gräfenberg.
▶**Einkehr:** Egloffstein: Gasthof-Hotel Zur Post, Talstraße 8. Thuisbrunn: Gasthof Seitz, Thuisbrunn Nr. 11.
▶**Unterkunft:** Egloffstein: Gasthof-Hotel Zur Post**, Tel. 09197/5 55, Fax 09197/88 01, E-Mail: gasthofzurpost-egloffstein@gmx.de; Gasthof Schäfer, Tel. 09197/2 95, Fax 09197/12 00. Pension Mühle, Tel. 09197/15 44, Fax 09197/5 54.
▶**Tourist-Info:** Tourist-Information Egloffstein, Felsenkellerstraße 20, 91349 Egloffstein, Tel. 09197/2 02 und 6 29 20, Fax 09197/62 54 91, www.trubachtal.com

Tipp

Auf dem 569 m hohen, bewaldeten Schlossberg ragt der Dolomitfelsen Burgstein über die Baumkronen hinaus und beschert einen wunderschönen Blick auf Haidhof. Einst der Standort eines mittelalterlichen Burgstalls, führt ein verschlungener Pfad zur schroffen Bergnase, an der Alten Kirche vorbei, einem Opferstein – auch Altarstein genannt – zum beschaulichen Sitzplatz.

Der Schlossberg ist mit seiner Ruine als reizvolles Wanderziel mit schöner Aussicht berühmt. Der Weg dorthin ist abwechslungsreich und je nach Jahreszeit reizvoll. Im Mai sind die blühenden Obstbäume eine Augenweide, und im Sommer spenden die Bäume des Markgräflichen Waldes Schatten.

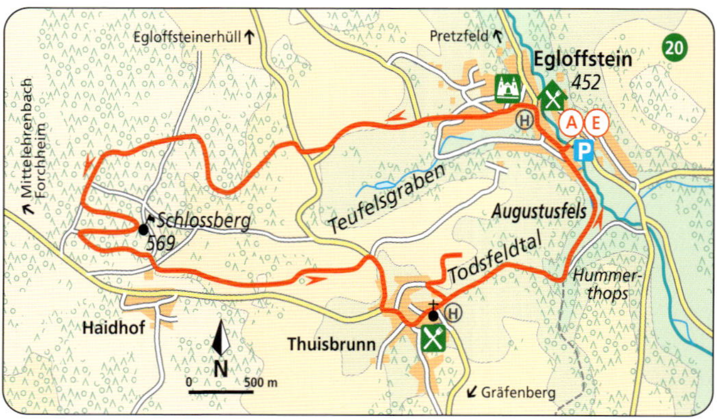

Der Wegverlauf

Vom Wanderparkplatz am Ortsausgang von **Egloffstein** überqueren wir die Brücke, gehen die Talstraße entlang und wenden uns beim Gasthof Zur Post nach links (Wegweiser Schlossberg, Haidhof, Markierung grüner Ring). Durch die Haidgasse steigen wir zum Marktplatz auf und schwenken dort nach links. Nun wandern wir die Markgrafenstraße entlang an Obstplantagen vorbei, bis ein Wegweiser mit der Markierung grüner Ring und grüner Querstrich nach rechts zeigt. Wir folgen einem Feldweg, überqueren einen Schotterweg und gelangen in den Markgräflichen Wald, wo wir dann auf einer Forststraße wandern. Am Abzweig **Schlossberg** schwenken wir nach links und können bald die schöne Aussicht genießen(1:15 Std.).

Auf dem Schlossberg bei Egloffstein

Vom Schlossberg folgen wir weiter dem breiten Forstweg (Markierung grüner Ring) nach links, wenden uns bei einer Bank nach links und dürfen den nächsten Abzweig nach rechts nicht verpassen. Wir halten uns kurz danach links, kommen auf einen Plattenweg und wenden uns dort wieder nach links. Nun wandern wir an einer Linde mit Bank vorbei geradewegs auf einem Schotterweg zwischen Obstbäumen. Unser Weg führt an einem Sitzplatz vorbei zu einer Asphaltstraße. Dort schwenken wir nach links, dann nach rechts und kommen direkt nach **Thuisbrunn** (2:15 Std.).

Im Ort halten wir uns links, gehen auf der Hauptstraße durch den Ort und schwenken bei der Bushaltestelle »Die Alte Schule« nach links. An der Kirche vorbei wenden wir uns beim folgenden Abzweig nach rechts und wandern durch das **Todsfeldtal**, einer Felswildnis, abwärts bis zur Wegkreuzung. Hier biegen wir nach links und kommen auf einem herrlichen Panoramaweg mit schönen Aussichten in das **Trubachtal** nach **Egloffstein**, das wir auf der Talstraße unweit des Wanderparkplatzes erreichen (3 Std.).

21 Zur Burgruine Leienfels

Einstiges Falschmünzernest und schöner Aussichtspunkt:
Bärnfels – Gründleinstal – Obertrubach – Leienfels – Soranger – Bärnfels

leicht

14 km

4 Std.

↑↓156 m

▶**Tourencharakter:** Diese Wanderung führt vor allem auf gut begehbaren Wiesenwegen und breiten Waldwegen, An- und Abstiege verlaufen allmählich.
▶**Beste Jahreszeit:** Frühjahr bis Herbst.
▶**Ausgangs-/Endpunkt:** Bärnfels, Gebäude der Freiwilligen Feuerwehr.
▶**Wanderkarte:** Fritsch Wanderkarte Naturpark Fränkische Schweiz Veldensteiner Forst–Hersbrucker Alb, Blatt Süd, Maßstab 1:50 000.
▶**Markierung:** Gelbes Dreieck, gelbes Kreuz, blaues Kreuz, blauer Punkt.
▶**Verkehrsanbindung:** Autobahn A 9, Ausfahrt Pegnitz-Grafenwöhr, auf B 2/B 470 Richtung Forchheim, vor Gößweinstein in Richtung Gräfenberg nach Bärnfels abbiegen.
▶**Einkehr:** Bärnfels: Gasthof Drei Linden, Bärnfels 12. Terrassencafé Gästehaus Brütting, Bärnfels 29a. Leienfels: Gasthof Zur Burgruine, Mo Ruhetag.
▶**Unterkunft:** Bärnfels: Gästehaus Brütting, Tel. 09245/5 55, Fax 09245/13 64, E-Mail: info-@gaestehaus-bruetting.de; Gasthof-Pension Drei Linden, Tel. 09245/91 88, Fax 09245/4 09, E-Mail: info@drei-linden.com
▶**Tourist-Info:** Touristinformation Obertrubach, Teichstraße 5, 91286 Obertrubach, Tel. 09245/9 88 13, Fax 09245/9 88 20, www.trubachtal.com

Der Besuch der Burgruine Leienfels bietet nicht nur zauberhafte Aussichten bis in das Fichtelgebirge, sondern lässt sich auch mit einem recht angenehmen Wanderweg verbinden, der durch das schöne Gründleinstal führt.

Blick von der Burgruine Leienfels auf die Landschaft

Der Wegverlauf

Beim Gebäude der Freiwilligen Feuerwehr in **Bärnfels** folgen wir dem Wegweiser Gründleinstal (Markierung gelbes Dreieck) und gehen zwischen zwei Gebäuden zum schmalen Weg am Holzgeländer. Er führt in den Wald, an bizarren Felsen vorbei und öffnet sich im **Gründleinstal**, einem breiten Wiesental, das von Wäldern umgeben ist. Wir befinden uns auf einem Lehrpfad und wandern durch einen Hohlweg, einem alten Fuhrweg, der mit der Zeit durch die Schneeschmelze ausgespült wurde. Unser Weg mündet auf eine Schotterstraße, hier gehen wir nach rechts (Wegweiser Obertrubach, Markierung blaues Kreuz) und gelangen nach **Obertrubach** in der Teichstraße (45 Min.).

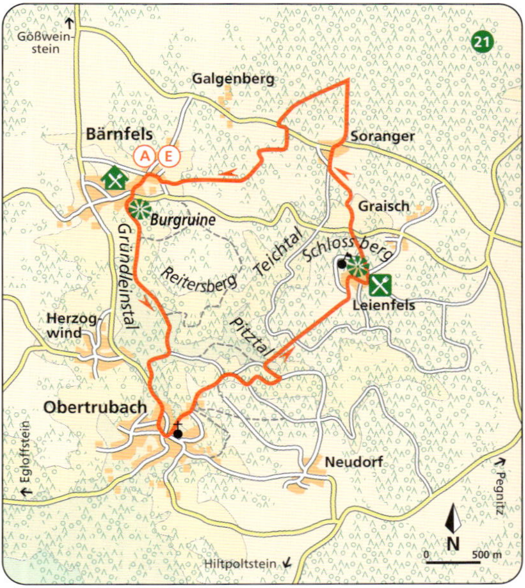

In der Ortsmitte bei der Kirche wenden wir uns nach links und folgen dem Wegweiser Burg Leienfels. An der folgenden Gabelung wählen wir den linken Weg, der auf eine Asphaltstraße mündet. Dort schwenken wir rechts, gehen an der Ketteler-Siedlung vorbei durch den Wald und halten uns an der folgenden Gabelung rechts (Wegweiser

Auf der Burgruine Leienfels

Malerisch ist die Lage von Bärnfels

Leienfels). An der nächsten Kreuzung wählen wir den linken Weg (Markierung gelbes Kreuz) und wandern auf breitem Waldweg bis zu einer Bank, wo wir nach links biegen und auf einem Pfad aufwärts wandern. An einer Kreuzung mit Schutzhütte wandern wir geradeaus weiter (Wegweiser Leienfels 0,5 km, Markierung blaues Kreuz) durch den Wald, dann am Wiesenrand und kommen zu einem Querweg. Dort schwenken wir nach links und können nach wenigen Metern in **Leienfels** bei der Gaststätte Zur Burgruine im Biergarten verschnaufen (2:15 Std.).

Von hier folgen wir dem Wegweiser **Burgruine Leienfels** und können in wenigen Minuten die herrliche Aussicht über weite Teile der Fränkischen Schweiz genießen.

Nach diesem Genuss geht es zurück zur Gaststätte in Leienfels, wo wir dem Wegweiser Richtung Pottenstein (Markierung blaues Kreuz) folgen. Nur 100 Meter auf der Straße abwärts gehend, biegen wir dann nach links und folgen der Markierung abwärts durch den Wald, bis wir das hübsche Dorf **Soranger** erreichen (3 Std.).

Am Ortsende biegen wir bei der Schutzhütte nach links, folgen der Markierung blaues Kreuz auf einem breiten Weg bis zu einer Kreuzung. Dort wenden wir uns nach links und folgen der Markierung blauer Punkt. Unser breiter Weg mündet auf eine Asphaltstraße, die wir überqueren. Auf der anderen Seite der Straße führt ein breiter Weg direkt nach **Bärnfels**.

Von Obertrubach zum Signalstein

22

Eine Mühlentour im Trubachtal: Obertrubach – Gründleinstal – Bärnfels – Signalstein – Wolfsberg – Trubachtal – Obertrubach

leicht
12 km
3 ¼ Std.
↑↓ 148 m

▶ **Tourencharakter:** Bequeme Wanderung vorwiegend auf breiten Wiesen- und Feldwegen mit schönen Ausblicken, im Trubachtal verläuft der Weg am Hang durch den Wald.
▶ **Beste Jahreszeit:** Frühjahr und Herbst.
▶ **Ausgangs-/Endpunkt:** Obertrubach, Ortsmitte bei der Kirche.
▶ **Wanderkarte:** Fritsch Wanderkarte Naturpark Fränkische Schweiz Veldensteiner Forst–Hersbrucker Alb, Blatt Süd, Maßstab 1:50 000.
▶ **Markierung:** Grüne Raute, roter Punkt, grüner Punkt.
▶ **Verkehrsanbindung:** Autobahn A 70, Ausfahrt Forcheim Nord oder Süd, auf der B 470 bis Abzweig Pretzfeld, über Pretzfeld, Egloffstein nach Obertrubach. Autobahn A 9, Ausfahrt Plech, über Betzenstein nach Obertrubach. Busverbindung mit Betzenstein, Egloffstein und Gößweinstein.
▶ **Einkehr:** Unterwegs: Pension-Restaurant Treiber bei der Reichelmühle. Obertrubach: Café-Pension Leistner, Trubachtalstraße 29. Gasthof-Pension Alte Post, Trubachtalstraße 1.
▶ **Unterkunft:** Obertrubach: Gasthof-Pension Alte Post, Tel. 09245/3 22, Fax 09245/6 90, E-Mail: familie@postritter.de; Gasthof-Pension Fränkische Schweiz, Tel. 09245/2 18, Fax 09245/2 83, E-Mail: Gasthof.Maier@gmx.de
▶ **Tourist-Info:** Touristinformation Obertrubach, Teichstraße 5, 91286 Obertrubach, Tel. 09245/9 88 13, Fax 09245/9 88 20, www.trubachtal.com

Berühmt wurde das Trubachtal wegen seiner zahlreichen Mühlen, aber auch die steil aufragenden, zerklüfteten Kletterfelsen verleihen ihm besondere Reize. Hier trifft man besonders an Wochenenden zahlreiche Kletterer.

Tipp: In Bärnfels löst die Besteigung der Burgruine auf einem markanten Dolomitfelsen bei Kindern Begeisterung aus. Von einem gemütlichen Sitzplatz lässt sich die großartige Aussicht über den Ort und in das Gründleinstal genießen.

Der Wegverlauf

Wir starten in **Obertrubach** bei der Kirche, gehen die Teichstraße entlang und folgen der Markierung grüne Raute (auch gelber Querstrich und blaues Kreuz) und schwenken beim Wanderparkplatz nach rechts in die Straße Am Kohlberg. Auf einem breiten Wiesenweg schwenken wir bei einer Lehrtafel nach links (Markierung grüne Raute) und gehen auf einem Pfad an Schlehenhecken vorbei. Auf einer Lehrtafel wird über den Lebensraum Hecke eindrucksvoll berichtet. Bei einer Bank gehen wir geradeaus weiter, wählen an der folgenden Gabelung den rechten Weg (Markierung grüne Raute) und überqueren eine Kreuzung bei einem Gatter. Durch das **Gründleinstal** geht es leicht ansteigend, an bizarr geformten Felsen (Naturdenkmal) vorbei nach **Bärnfels** (45 Min.).

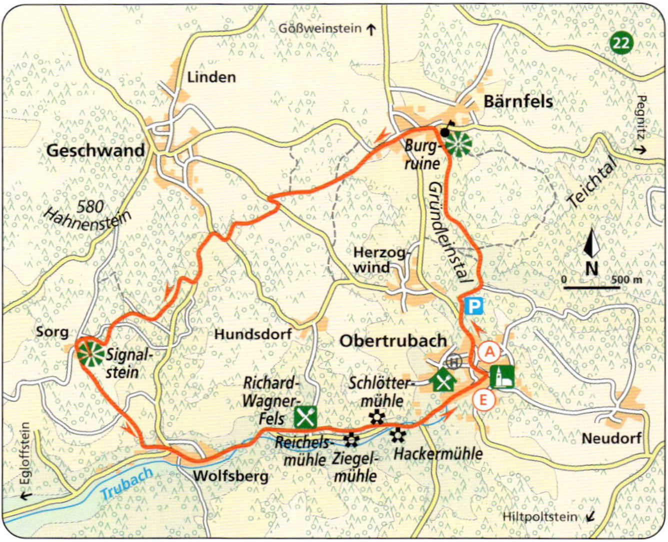

Unser Weg mündet beim Gebäude der Feuerwehr auf die Straße, dort wenden wir uns nach links und folgen dem Wegweiser Signalstein (Markierung roter Punkt). Wir gehen durch den Ort, überqueren eine Asphaltstraße und folgen dem Weg allmählich ansteigend bis kurz vor dem Ortsausgang. Dort schwenken wir nach links (Wegweiser Signalstein) und halten uns an einer Gabelung mit Bank noch mal links. Auf einem schönen Wald- und Wiesenweg gelangen wir zur Straße. Sie wird überquert, wir gehen am Waldrand weiter abwärts, an einer Wiese entlang zur Asphaltstraße. Dort wenden wir uns nach rechts, biegen an der folgenden Straßengabelung (Wolfsberg 3,5 km) nach links und wandern nun etwa einen Kilometer auf der Asphaltstraße bis zu einem Abzweig mit Sperrschild. Dort folgen wir dem Forstweg bis zu einer Gabelung mit Bank und Wegweiser Rundweg Geschwand–Signalstein (Markierung roter Ring und roter Punkt) und wählen den linken Weg zum **Signalstein**. Auf leicht ansteigendem Waldweg kommen wir zu einem Abzweig und sind in wenigen Minuten am Aussichtspunkt, auf den eine Metallleiter führt (2:15 Std.).

Vom Signalstein zurück sind es nur wenige Meter bis zur Asphaltstraße am Ortsanfang von **Sorg**. Wir gehen geradezu auf den

Ort, wenden uns gleich nach dem Ortsanfang links (Wolfsberg, Markierung roter Punkt) und wandern leicht abwärts auf einem Wiesenweg zwischen Obstbäumen mit herrlicher Aussicht auf die bewaldete Hügellandschaft nach **Wolfsberg** (2:30 Std.).
Wir schwenken im Ort links und wenden uns kurz vor dem Ortsausgang nach rechts, gehen über eine Brücke, biegen bei einem **Spielplatz** nach links und folgen der Markierung grüner Punkt durch das **Trubachtal**. Unser Weg überquert die Trubach und die Straße beim **Hartelstein**, einem sehr beliebten Kletterfelsen. Dort wenden wir uns nach rechts, gehen über einen Parkplatz und folgen dem Weg parallel oberhalb der Straße am Richard-Wagner-Felsen vorbei, dessen Profil dem berühmten Bayreuther ähnelt. Bei der **Reichelsmühle** lohnt sich eine Rast im Restaurant Treiber, bevor die **Ziegelmühle** (seit 1383 im Besitz der Herren von Egloffstein) sichtbar wird. An der **Schlöttermühle** vorbei erreichen wir die **Hackermühle** (1547 erstmals erwähnt) und kommen zum **Blechstein**, der im 16. Jh. die Grenzscheide zwischen Hiltpoltstein, Betzenstein und Pottenstein war. Nun tauchen schon die ersten Häuser von **Obertrubach** auf, und wir erreichen auf der Trubachtalstraße schnell den Ausgangspunkt bei der Kirche (3:15 Std.).

Von den einstmals zahlreichen Mühlen im Trubachtal existiert nur noch die Ziegelmühle.

23 Von Betzenstein zur Ruine Stierberg

Gemütlicher Spaziergang durch Wiesenlandschaft:
Betzenstein – Neudorf – Langer Berg – Stierberg – Betzenstein

leicht

10 km

2 ½ Std.

↑↓ gering

▶ **Tourencharakter:** Bequeme Wanderung auf breiten Wegen, teilweise grasreiche Wiesenwege, nur geringe Steigung zur Ruine Stierberg, kaum Sitzplätze am Wanderweg.
▶ **Beste Jahreszeit:** Frühjahr bis Herbst.
▶ **Ausgangs-/Endpunkt:** Betzenstein, Wanderparkplatz beim Freibad.
▶ **Wanderkarte:** Fritsch Wanderkarte Naturpark Fränkische Schweiz Veldensteiner Forst Hersbrucker Alb, Blatt Süd, Maßstab 1:50 000.
▶ **Markierung:** Blauer Punkt, grüner Punkt, blauer Ring, gelbe Raute.
▶ **Verkehrsanbindung:** Autobahn A 9, Ausfahrt Plech, über Ottenhof nach Betzenstein. Busverbindung mit Pegnitz.
▶ **Einkehr:** Betzenstein: Gasthof Burghardt, Hauptstraße 7. Gasthof Wagner, Hauptstraße 33.
▶ **Unterkunft:** Gasthof-Pension Burghardt, Tel. 09244/2 06, Fax 09244/82 93, E-Mail: info@burghardt-betzenstein.de.;Gasthof Wagner, Tel. 09244/14 60.
▶ **Tourist-Info:** Städtisches Verkehrsamt Betzenstein, 91282 Betzenstein, Tel. 09244/2 64, Fax 09244/81 40, www.betzenstein.de

Die Wald- und Wiesenlandschaft zwischen Betzenstein und Obertrubach bietet stille Reize, die auf einer gemütlichen Wanderung genossen werden können. Von der Burgruine Stierberg bietet sich trotz hoch gewachsener Buchen ein schöner Ausblick auf Stierberg.

Im Freibad von Betzenstein

Der Wegverlauf

Wir starten am Wanderparkplatz gegenüber vom Freibad in **Betzenstein** und gehen auf der Straße in Richtung Leupoldstein bis zum Campingplatz und dem Restaurant Hubertus. Dort finden wir den Wegweiser Obertrubach (Markierung blauer Punkt) und folgen ihm zunächst auf einem Feldweg. Weiter geht es in den Wald, und dort müssen wir auf den Abzweig nach links achten, wo der Wanderweg aus dem Wald auf einen Wiesenweg führt. Wir überqueren bald eine Straße und wandern nun zwischen Wiese und Feldrand bis nach **Neudorf** (45 Min.).

Tipp

Vom Anton-Buchner-Heimatmuseum (Markierung roter Ring) führt ein 4 km langer Rundwanderweg zum Großen Wasserstein, einem beliebten Wanderziel und zugleich bedeutende prähistorische Fundstelle eines Unterkiefers des kleinsten Säugetiers Mitteleuropas. Weitere imposante Felsgebilde sind der Felsdurchbruch Klauskirche, das Hexentor und das Wassersteintor.

In Betzenstein gibt es eine gut erhaltene Stadtmauer mit zwei Stadttoren.

In Neudorf gehen wir bis zum Sitzplatz bei der Bushaltestelle in der Ortsmitte und wenden uns nach links (Markierung grüner Punkt und grünes Blatt). Wir gehen auf der Asphaltstraße bis zu einer Kreuzung, schwenken dort nach links und gelangen beim letzten Haus des Ortes auf einen Wiesenweg. Wir überqueren die B 2 und gehen auf der Asphaltstraße in den Wald. Beim ersten Abzweig folgen wir der Markierung grünes Blatt nach rechts und gehen an der folgenden Gabelung geradeaus weiter (Wegweiser Fuchsweg) bis zu einer weiteren Gabelung. Hier wählen wir den linken Weg, auf dem wir zur Asphaltstraße am Ortsanfang von **Stierberg** kommen (1:30 Std.).

Wir wenden uns nach rechts und gehen durch den Ort bis zur Wanderwegtafel. Dort folgen wir dem Wegweiser Reipertgesee (Markierung blauer Ring) bis kurz nach dem Ortsausgang und wenden uns dann nach links (Wegweiser Betzenstein, Markierung gelbe Raute). Wir wandern auf einem Schotterweg zwischen

Blick vom Ruinenstein auf Stierberg

Wiesen, halten uns an der folgenden Kreuzung links und an der nächsten Gabelung wieder links. Nun steigt unser Wanderweg im Wald leicht an und führt zum Abzweig **Burgruine Stierberg**. Wir steigen hinauf und können nun eine schöne Aussicht auf Stierberg und Umgebung genießen.

Zurück zum Wanderweg folgen wir weiter der Markierung gelbe Raute durch herrlichen Buchenwald, schwenken an einer Kreuzung nach rechts und gehen auf einem Schotterweg abwärts. Nach einer Rechtskurve am Wiesenrand verlassen wir den Schotterweg und folgen einem links abzweigenden Pfad in den Wald. Ein leicht ansteigender Weg führt zwischen imposanten, stark bemoosten Felsgebilden durch den Wald und mündet als Wiesenweg auf die Landstraße am Ortseingang von **Betzenstein**. Links befindet sich der Ausgangspunkt am Wanderparkplatz (2:30 Std.).

Zwischen Hiltpoltstein und Großenohe

24

Eine Tour für stille Genießer: Hiltpoltstein – Großenohe – Spiesmühle – Großenohe – Kemmathen – Hiltpoltstein

leicht
13 km
3 1/4 Std.
↑↓ keine

▶**Tourencharakter:** Bequeme Wanderung auf breiten Feld- und Waldwegen, auf längeren Streckenabschnitten wenig Schatten.
▶**Beste Jahreszeit:** Frühjahr bis Herbst.
▶**Ausgangs-/Endpunkt:** Hiltpoltstein, Gasthof Goldenes Ross.
▶**Wanderkarte:** Fritsch Wanderkarte Naturpark Fränkische Schweiz Veldensteiner Forst–Hersbrucker Alb, Blatt Süd, Maßstab 1:50 000.
▶**Markierung:** Grüner Querstrich, rotes Andreaskreuz, blauer Querstrich.
▶**Verkehrsanbindung:** Autobahn A 9, Ausfahrt Pegnitz-Grafenwöhr, auf B 2 Richtung Gräfenberg nach Hiltpoltstein. Busverbindung mit Gräfenberg.
▶**Einkehr:** Großenohe: Restaurant Zur Sägemühle, Großenohe Nr. 19, Di Ruhetag. Kemmathen: Landgasthaus Galster, Kemmathen 13. Hiltpoltstein: Gasthof Aures, Schulstraße 11.
▶**Unterkunft:** Obertrubach: Gasthof-Pension Alte Post, Tel. 09245/3 22, Fax 09245/6 90, E-Mail: familie@postritter.de; Gasthof-Pension Fränkische Schweiz, Tel. 09245/2 18, Fax 09245/2 83, E-Mail: Gasthof.Maier@gmx.de
▶**Tourist-Info:** Verwaltungsgemeinschaft Gräfenberg, Kirchplatz 8, 91322 Gräfenberg, Tel. 09192/7 09–0, www.graefenberg.de

Großenohe gilt als Kleinod in der Fränkischen Schweiz. Es liegt im romantischen und stillen Krummestal, hat bis heute seine Ursprünglichkeit bewahrt und kann mit schönen Fachwerkhäusern aufwarten. Die Wanderung bietet nicht nur schöne Landschaften, sondern auch empfehlenswerte Einkehrmöglichkeiten.

Der Wegverlauf

Wir beginnen bei der Wanderwegtafel am Gasthof Goldenes Ross in **Hiltpoltstein** und folgen dem Wegweiser »Wanderweg über Großenohe nach Egloffstein« (Markierung grüner Querstrich) die Asphaltstraße abwärts. Beim Schild Gasthof-Pension Aures gehen wir nach rechts und folgen dem Pfad zwischen Wiesen und Wohngrundstücken

Wanderer bei Großenohe in der Nähe der Spiesmühle

auf die Schulstraße. Dort wenden wir uns nach links, gehen abwärts bis zur Schossaritzer Straße und folgen dieser nach rechts. Wo links ein Schotterweg abzweigt, folgen wir der Markierung grüner Querstrich auf dem Feldweg und wandern zwischen kräuterreichen Wiesen mit Salbei, Schafgarbe, Johanniskraut, Wiesenkümmel und anderen schönen Stauden nach **Großenohe** (1 Std.).

Dort bietet sich ein Abstecher zur **Spiesmühle** an, ein schöner Weg im stillen Krummestal. Von dort zurück gehen wir bei der Linde mit dem Wegweiser zum Café und Restaurant Zur Sägemühle nach rechts, wo wir in idyllischer Umgebung eine Rast einlegen können. Anschließend folgen wir der Markierung rotes Andreaskreuz durch den malerischen Ort mit schönen Fachwerkhäusern.

Am Ortsende wenden wir uns nach rechts und gehen auf einem Weg mit Formplatten zwischen Wiesen und Feldern und folgen an einer Gabelung dem roten Andreaskreuz dreimal nach links. Auf schönem Wald- und Wiesenweg kommen wir nach **Kemmathen**, stoßen auf die B 2, biegen nach rechts und können im Landgasthaus Galster rasten (1:45 Std.).

Anschließend folgen wir weiter der Markierung rotes Andreaskreuz in Richtung Wölfersdorf und wandern auf einem Asphaltband zwischen Feldern, kommen durch ein Waldstück (rechts sehen wir Wölfersdorf) und wenden uns an der folgenden Kreuzung mit dem Wegweiser Hiltpoltstein (2:15 Std.) nach links (Markierung blauer Querstrich). Auf einem Feldweg wandern wir bis zu einem Hochsitz, gehen dort nach rechts (Markierung schlecht sichtbar) und wenden uns an der Stelle nach links, wo vor dem Waldrand ein Weg nach links abzweigt (Markierung blauer Querstrich). Wir gehen am Waldrand entlang, schwenken dann nach rechts und wandern auf einem grasreichen Weg an einer Einzäunung entlang, bis wir am Waldende auf einen Querweg kommen. Dort wenden wir uns nach links (gemeinsam mit Markierung roter Punkt), wandern am folgenden Abzweig geradeaus weiter (rechts sehen wir die Häuser von Görbitz) und halten uns an der Gabelung mit rotem Kreis links. Auf diesem Weg kommen wir in wenigen Minuten nach **Hiltpoltstein**, wo wir die schöne Kulisse des Ortes mit Burg und Kirche auf der Höhe sehen, und wenden uns auf der Schlossäckerstraße nach rechts. In wenigen Minuten erreichen wir den Ausgangspunkt (3:15 Std.). Für **Kinderwagen** eignet sich der Weg durch das Krummestal von Großenohe zur Spiesmühle (hin und zurück etwa 1,5 Kilometer).

25 Im Karst bei Neuhaus an der Pegnitz

Begegnung mit der geologischen Vergangenheit:
Neuhaus – Schlieraukapelle – Maximiliangrotte – Krottensee – Neuhaus

mittel	
km	14 km
	4 Std.
	⇅ 51 m

▶**Tourencharakter:** Abwechslungsreiche Wanderung auf breiten Wegen und schmalen Pfaden, längere Strecken im Wald, Wechsel von Auf und Ab.
▶**Beste Jahreszeit:** Frühjahr bis Herbst.
▶**Ausgangs-/Endpunkt:** Neuhaus an der Pegnitz, Bahnhof.
▶**Wanderkarte:** Fritsch Wanderkarte Naturpark Fränkische Schweiz Veldensteiner Forst–Hersbrucker Alb, Blatt Süd, Maßstab 1:50 000.
▶**Markierung:** Grüner Punkt.
▶**Verkehrsanbindung:** Autobahn A 9, Ausfahrt Plech, über Plech nach Neuhaus an der Pegnitz. Bahn: Strecke Bayreuth–Nürnberg.
▶**Einkehr:** Pegnitz: Restaurant Burg Veldenstein, Burgstraße 88, Mo Ruhetag. Unterwegs: Gasthof Grottenhof bei der Maximiliangrotte. Krottensee: Gasthaus Zum Löwen, Gerstacker.
▶**Unterkunft:** Neuhaus an der Pegnitz: Hotel Burg Veldenstein, Tel. 09156/6 33, Fax 09156/17 49. Plech: Landgasthof Zur Traube, Tel. 09244/3 29, Fax 09244/9 8597 66, E-Mail: Zur-Traube-Plech@t-online.de
▶**Tourist-Info:** Verkehrsamt im Rathaus, 91284 Neuhaus an der Pegnitz, Tel. 09156/9 29 10, Fax 09156/92 91 17, www.pegnitz.de

Die bizarre Felsenwelt östlich von Neuhaus veranlasste schon 1936 Geologen, einen karstkundlichen Wanderpfad anzulegen. Er führt an Höhlen, Dolinen und einer überreichen Ansammlung von skurrilen Felsgebilden vorbei und bietet außerdem immer wieder schöne Aussichten.

Kletterfelsen am karstkundlichen Lehrpfad

Der Wegverlauf

Wir starten am Bahnhof in **Neuhaus an der Pegnitz**, gehen die Bahnhofstraße nach rechts (Markierung grüner Punkt) und überqueren die Pegnitz. Dort wenden wir uns nach rechts und folgen dem Wegweiser Karstkundlicher Rundweg an der Pegnitz entlang, überqueren eine Straße und wandern auf festem Sandweg an bizarren Felsgebilden vorbei zur Mysteriengrotte mit Sitzplatz (1 Std.).

Unser Wanderweg mündet auf eine Straße, wir wenden uns nach links und gleich wieder nach rechts und kommen auf schönem Wiesenweg zur **Schlieraukapelle**. Dort folgen wir der Markierung grüner Punkt weiter auf einem Fahrweg, gehen nach rechts und überqueren zuerst eine Wiese und

dann eine Asphaltstraße. Nach links bietet sich ein schöner Blick nach Krottensee. Unsere Markierung führt uns nun zur **Maximiliangrotte**, die von Ostern bis Ende Oktober zu besichtigen ist (1:45 Std.).

Oberhalb des Grotteneinganges folgen wir dem Wegweiser Karstkundlicher Pfad, steigen eine Treppe aufwärts, kommen an eng stehenden, mit Moos bewachsenen, teilweise stark durchlöcherten Felsen vorbei und fädeln uns auf einen Fahrweg mit Schotter ein. Geradeaus weiter folgen wir dem Wegweiser Zwei Brüder, **Steinerne Stadt**, wo sich uns eine Anhäufung bizarrer Felsen bietet. Hier trifft man häufig auf Kletterer, die an den Steilwänden ihrem Hobby nachgehen. Unser Weg führt durch lichten Wald abwärts und mündet auf einen breiten Fahrweg. Hier schwenken wir nach rechts, wenden uns dann nach links und steigen aufwärts. Der Wanderweg führt durch eine Höhle, trifft auf eine Wiese am Wald, wo wir uns links halten und auf eine Asphaltstraße gelangen. Hier angekommen wenden wir uns nach rechts und kommen nach **Krottensee** (3:15 Std.).

Wir gehen durch den Ort, schwenken auf der Hauptstraße nach rechts und folgen vor dem Gasthof Zur Linde dem Schotterweg zwischen Wiesen. Über die Straße Am Wiesengrund und Krottenseer Weg kommen wir zur Königsteiner Straße in **Neuhaus**, schwenken nach rechts und gehen nach der Unterführung nach links zum Bahnhof (4 Std.).

REGISTER